왜
이런 성격으로 살까?

이 소중한 책을

특별히 _____님께

드립니다.

신앙과 성격 STORY!

오H

이런 성격으로 살까?

김정필 목사 지음

나침반

신앙과 성격 STORY

최근에 에니어그램 열풍이 사회 곳곳에서 강하게 불고 있다. 직장에서는 성격을 통한 이해관계 개선이나 적성에 맞는 인재 등용과 배치하는 데 사용하고, 교육계에서는 학생들에게 인성 교육의 도구로 사용하고 있다. 한국 교계에서도 성격과 성품의 중요성을 깨닫고 관심이 높아지고 성품 교육이 시작되었다.

필자 입장에서 주변 사람들의 성격과 성품 이야기는 애매모호하고 정확한 이해가 필요해 보였다. 어떤 사람들은 "사람의 성격은 변하지 않아! 고치려고 하면 안 돼!"라고 주장하고 다른 한 편에서는 "성격은 고쳐야 돼! 성격이 고쳐지지 않으면 열매가 없어! 은혜를 받아도 도루묵이야!" 이런 상반된 이야기를 들었다.

성격은 변하지 않는다고 생각한 사람은 자신과 타인의 변화를 기대할 수 없어서 절망한다. 반대로 고칠 수 있다고 생각한 사람은 성격을 고치려고 시도하다가 충돌과 좌절을 경험한다. 어느 쪽을 선택하든지 삶에는 고통이 따른다. 이런 상반된 생각 중에서 어느 쪽을 선택하고 지지해야 좋을까? 이런 충돌이나 고통을 최소화하기 위해서는 성격을 이해할 필요가 있다. 성격을 몰라서 잘못 건드리면 고통을 받고, 반대로 고칠 수 있는 부분을 방치하면 고통과 문제가 지속 반복된다. 그런데 성격을 알면 자기 내면과 행동의 특징을 볼 수 있으며 변화의 길이 보인다.

성격을 알면 자녀의 마음과 행동을 이해하고 양육방법의 길이 보인다. 성격을 알면 문제 발생과 충돌도 예상할 수 있으며 해결의 길이 보인다. 성격을 알면 타인의 장단점을 이해하고 공동체로 일할 수 있는 길이 보인다. 성격을 알면 성경에서 말씀하고 있는 옛사람과 세상의 특징 그리고 복음의 능력과 새 백성의 특징이 보인다. 이 모든 것은 성도를 변화시키고 성숙하게 하는 길이다.

필자는 성격과 신의 성품에 대해서 큰 관심이 없었고 중요성도 몰랐다. 필자는 목회자로 부름을 받았기 때문에 목회만 잘하면 된다고 생각했고 성격은 신앙과 상관이 없다고 생각했다. 그리고 성격과 성품에 관한 말씀이 성경에서 많이 언급되지 않아서 몰라도 된다고 생각했다. 그런데 셀 목회를 배우면서 내적치유를 경험했고, 내면세계를 조금씩 이해했다. 이후에 대학원에서 에니어그램을 전공하면서 성격을 배우고 중요성도 알게 되었다.

대학원 수업에서는 에니어그램만 공부한 것이 아니라 '발달 심리, 성격 심리, 상담심리, 본능이론, 대상 관계' 등을 함께 공부했다. 이런 내용은 사람의 성격을 이해할 뿐만 아니라 성경을 이해하도록 도움을 주었다. 하나님은 이런 공부들을 통해서 내가 예상치 못한 성격과 성품의 중요성 그리고 복음의 능력을 깨닫게 하셨다.

신학교에서 조직신학을 통해 인간론을 배웠지만 거기에서 배우지 못한 사람의 성격과 욕구 등을 배웠다. 이런 깨달음은 나의 기쁨이 되었고 사역에도 많은 도움이 되었다.

어느 날부터 하나님은 내 안에 일어난 변화들을 글로 써서 공유하라는 감동을 주셨다. 또한 내가 깨닫고 변화된 성격과 신앙 이야기들을 나누면 주변에서는 책을 쓰라고 권면하였다. 오랫동안 망설이다가 결국 책을 쓰기로 마음을 먹고 시작하였는데 하나님은 글을 쓰는 동안 성격과 복음을 더 선명하게 조명해 주셨다. 특히 교회와 성도들이 겪고 있는 생존본능과 욕구와 씨름에서 이길 수 있는 복음의 능력을 정확하게 알게 하셨다.

내 안에 오랫동안 머물렀던 고민거리며 싸움이던 "자기를 부인하라"는 말씀도 길이 보였고, 사람의 마음을 지배하는 옛 자아의 욕구도 알아차리게 되었다. 아는 만큼 보이고 아는 만큼 변한다는 말이 내 삶에 경험되었다. 성격과 성품을 이해하면 자신과 신앙의 중요한 문제들을 풀어가는 길이 보인다.

성격과 관련된 내용을 이해하고자 할 때 용어 정리가 필요하다. 단어와 개념이 정리되지 않으면 큰 혼돈이 발생하는데, 현재 성격과 관련된 몇 가지 용어들이 그렇다. 성격은 성품, 인격, 인성 등과 함께 사용되면서 사용처에 따라서 동일한 개념이나 아니면 다른 개념으로 사용된다.

교육과 심리학, 철학 그리고 종교에서 사용하는 용어와 개념들은 사용처의 입장에서 들어야 한다. 예를 들면 "사랑합니다!"라는 말을 하고 들어도 백화점 입구에서 안내원이 하는 말과 결혼을 앞둔 남녀가 하는 말은 의미가 다르다.

포털 사이트 다음 사전에서 성품을 검색해 보면 3가지 의미로 사용되는데, 필자가 본서에서 사용하는 성품은 종교적인 개념으로써 벧후 1장에 나오는 개념을 따르고, 신학적으로는 '신의 속성', 성경적으로는 '하나님의 형상'에 해당하는 개념이다. 그리고 필자가 본서에서 사용한 성격 용어들은 에니어그램에서 사용하는 것을 다수 그대로 사용하였다.

성격을 공부하신 분들은 성격 이야기가 성경에도 있음을 알게 될 것이고 성도들은 일반 학문을 통해서 연구된 내용과 성경이 일치한 부분도 있음을 볼 수 있다. 또한 본서에서 독자들은 죄와 사망 아래서 살아가는 사람의 심리를 이해하고, 복음을 믿고 구원받은 사람의 심리가 어떻게 변화를 가져오는지를 알 수 있다. 그리하여 자기 심리 즉 마음을 살핌으로써 현재 자신은 옛사람을 추구하고 있는지 아니면 복음에 합당한 삶을 살아가고 있는지를 알 수 있다.

제1부에서는 "성격, 넌 뭐니?"라는 주제로 성격 개론을 썼다. 성격을 공부하지 않은 분들도 일반적인 이해를 넓힐 수 있고 성격을 공부하기 시작한 분들은 균형을 잡을 수 있다. 성도들에게는 자기 성격을 이해하고 신앙과 성경을 아는데 디딤돌이 된다.

제2부에서는 "에니어그램에서 나는 어떤 유형일까?"란 주제로 에니어그램에서 설명하는 성격의 특징을 소개하고 자기 유형을 알아가도록 썼다.

성격 분석들과 검사들이 많이 있지만 에니어그램은 이전에 있던 어떤 성격 이론보다도 꽤나 깊고 뛰어나다. 필자는 에니어그램을 매개체로 사용하여 사람의 성격을 설명하고 독자들이 성격을 이해하도록 돕고자 하였다. 성격을 알면 옛사람과 새 사람의 특징을 구별하는 일이 쉬워진다. 자신의 성격과 타인의 성격을 알고 싶을 때는 2부 내용을 많이 읽고 참고 서적들을 읽어볼 필요가 있다. 필자가 생각할 때 성도들도 학문을 통해서 성격을 배워 자기 성격을 알아야 한다. 에니어그램은 성격에 있는 유형과 함께 근원적인 문제들을 제시해 준다.

제3부에서는 "성격이냐? 믿음이냐?"라는 주제로 필자가 성격을 공부하면서 알게된 신앙과 관련된 중요한 변화와 깨달음

에 대하여 썼다. 하나님의 말씀과 신앙의 궁금증과 내 자신이 가지고 있던 숙제들을 풀어냈다. 성도들은 자신의 신앙을 진단하고 발전하기 위해서는 3부 내용을 참고하고 주님의 도움을 구해야 한다. 그러나 성격과 신앙 이야기는 어떤 분의 말처럼 모든 사람에게 맞는 것도 아니며 그렇다고 꼭 틀린 것도 아니다. 두 가지 주제는 매우 방대하고 간단하지 않기에 세심한 관찰과 접근이 필요하다.

성격에 있는 여러 가지 문제들은 주님을 따르는 제자로서 살지 못하게 숨겨진 암초와 같다. 이런 것을 알게 되면 변화와 새 백성으로 살아가는데 길이 보인다. 필자는 이런 성격 체계들을 포함하여 내면에 있는 욕구와 성격의 문제를 성경 말씀과 함께 통째로 이해하여 '신앙과 성격 Story'로 엮었다. 따라서 독자들은 이 책을 통해서 성격과 그와 연결된 성경 말씀 그리고 자기 모습을 거울처럼 만나볼 수 있다. 이 책을 통해서 독자들이 자기 성격과 신앙의 모습을 돌아보고 알아차린다면 성장과 변화의 길이 보인다. 하나님께서 독자들을 사랑하시기 때문에 이 글을 통해서 이전과 다른 깨달음과 변화가 일어나도록 세심하게 인도하실 것을 믿는다.

이 책이 나오기까지 도움을 주신 많은 분들에게 감사를 드린다. 먼저는 내 인생 속에서 개입하시고 깨달음과 변화를 주신 사랑의 하나님께 감사를 드린다. 성격을 신앙과 연결하고 성경 말씀을 이해한 내용들은 모두 하나님의 은혜요 성령님의 손길이다. 또한 필자를 사랑해 주신 가족들에게 감사를 드린다. 내 가족은 항상 힘이 되어 주었고 천사 같이 도움을 준 귀한 존재이다. 또한 오산새빛교회 성도들은 지금까지 나를 믿고 지지해 주고 사랑을 베풀어 주신 귀한 영적가족들이다.

명지대학원에서 섬김과 수고를 아끼지 않고 본을 보여주신 이안숙 교수님을 비롯한 교수님들, 함께 수업하고 토론하고 사랑과 격려를 아끼지 않은 에니어그램 전공 선생님들께도 사랑의 빚을 졌다. 서면을 통해서 모든 분들에게 진심 어린 감사를 전한다.

마지막으로 이 책이 나오도록 도움을 주신 나침반출판사 김용호 사장님과 수고하신 스태프들에게 감사를 드린다. 출판을 위해서 물질로 후원해 준 믿음의 형제요 동역자인 희동, 광수(숙영) 친구와 오산새빛교회 그리고 곁에서 격려와 조언을 주신 목회동역자들께도 감사를 드린다.

하나님! 감사합니다! 사랑합니다!

새 삶을 소망하며
김정필 목사

"당신은 왜 그래? 너 왜 그러니? 저 사람 왜 저러지?"하며 가정에서, 교회에서, 직장에서 끊임없이 실망하며 분노하고 상처를 주고받으며 힘들어하는 사람에게 성경과 에니어그램으로 풀어가는 신앙과 성격 Story, "왜 이런 성격으로 살까?"라는 책을 적극 추천합니다. 이 책을 읽으면 인간관계 회복의 길이 보입니다. 행복한 가정, 교회, 직장생활의 길이 보입니다.

− 안산동산교회 김인중 원로목사

이 책은 단순히 성격에 관한 정보를 제공하는 책이 아니다. 제자다운 제자로 변화되기 원하는 사람들이 반드시 읽어야만 할 특별한 책이다.

독서는 저자의 일생이 농익은 열매를 따 먹는 최고의 행복이다. 저자가 일생동안 붙잡으려고 노력했던 그 진리를 한 권의 책을 통해 깨달을 수 있는, 이른바 가성비 면에서 최상의 투자이다. 나는 필자와 거의 15년 이상을 복음 안에서 함께 교제하고 있는 중이다. 그러므로 필자가 얼마나 자신의 삶과 목회를 위해 치열하게 달려왔는지를 잘 알고 있다. 그 무엇보다도 가장 큰 장점은 늘 배우고자 하는 겸손한 자세라고 생각한다. 그러므로 무언가 배울 수 있는 곳이라면 누구보다도 앞장서서 달려가고, 가는 곳마다 깨달은 진리를 자신의 것으로 소화하여 삶과 목회에 적용하는 것을 바로 옆에서 보아 왔다. 그 모든 열정적인 삶의 결정체가 바로 이 책이다

따라서 이 책에는 우리에게 필요한 지식과 정보를 넘어, 필자가 목회하면서 직접 경험한 안타까움과 그 문제를 해결해 가는 과정이 자세히 서술되어 있다.

목회자라면 누구나 경험하는 최고의 안타까움은 성도들이 오랜 시간 동안 예수를 믿는다고 하면서도 그 삶이 전혀 변하지 않는다는 점이다. 나는 셀과 양육(내적치유 수양회와 생수의 강 포함)을 통해 성도들이 놀랍게 변화되는 것을 보았다. 아니 내가 가장 많이 변한 모델 중 한 명이다. 셀과 양육을 통해 변화된 사람에게 진정한 복음이 전해질 때 제자다운 제자로 변화되는 것을 보았다. 이것도 역시 내가 첫 번째 주인공이라고 할 수 있다.

나는 이 책이 한국 기독교에 신선한 바람을 일으킬 것이라고 확신한다. 성도다운 성도, 제자다운 제자, 교회다운 교회가 우후죽순처럼 생겨나서 하나님의 영광이 가득하게 될 것을 기대한다. 필자가 깨달은 내용을 이제 마음껏 성도들과 나눌 수 있게 되어 정말 기쁘다.

- 기쁨의 동산교회 김광이 목사

차례

1부

성격, 넌 뭐니?

1
성격이란?

성격은 행동의 본질이다.

성격(Personality, character)은 행동을 만들어내는 본질이다. [1]

본질은 현상의 생성에 영향을 미치는 불변의 내재적 실체를 뜻한다. 물 위에 떠있는 빙산에서 보이는 부분은 행동과 같고 물속에 가라앉아서 보이지 않는 부분은 행동의 본질에 해당한다.

사람의 행동은 성격에 영향을 받은 결과이다. Rychman(2013)은 "성격은 다양한 상황에서 인지, 동기, 행동에 독특하게 영향을 미치는 역동적이고 조직화된 개인적인 특징들의 조합이다" [2] 라고 했다.

사람의 행동을 결정하는 요인에 대해서 학자들마다 견해가 조금씩 다르다. 예를 들면 정신분석학에서는 인간의 행동은 의식 수준뿐만 아니라 전의식과 무의식 그리고 욕구에 의해서 영향을 받는다고 주장한다.

대상관계이론에서는 어릴 적 부모와의 관계, 특히 부모와의 공감 반응에서 자기를 발달시키며 자기 표상과 대상 표상이 형성되고, 이것이 성격 형성에 영향을 주고 행동을 결정한다고 본다.

분석심리학에서는 모든 사고, 감정, 행동, 의식과 무의식을 포함한 요인들이 행동을 결정한다고 보며, MBTI의 기반이 되었다.

개인심리학에서는 사람은 미래의 목표를 향해 나아가는 존재로 보았으며 목적성을 행동의 주요 요인으로 보았다. 개인의 목표에는 열등감 극복과 현실 인식 그리고 가치를 실현하기 위한 욕구 등이 포함된다.

행동주의에서는 인간의 행동은 선천적인 유전성보다는 후천적인 경험과 환경과의 상호작용 속에서 학습되어 행동한다고 보았다.

인지주의에서는 인간의 행동은 자신과 세상을 심리적으로 구성하는 방식이나 신념에 있다고 보았다. 즉 자동적 사고, 인지적 오류, 신념과 가정(hypothesis), 인지 도식 등이 성격 형성과 행동에 영향을 준다고 보았다.

그 외에도 인본주의, 실존주의, 진화심리학 등 학자들마다 행동을 일으키는 요인도 조금씩 차이가 있지만 모두 타당하다.

이렇게 볼 때 눈에 보이는 행동 밑에는 여러 가지 이유가 존재하며 매우 복잡하고 다양한 요인이 있다. 행동이 복잡하고 다른 만큼 요인과 성격도 복잡하다.

사티어가 제시한 내면(빙산) 탐색 도식을 보면 행동에 가장 근접하여 영향을 주는 것은 감정이다. 감정이 상하거나 폭발수준에 이르면 지식과 정보는 힘을 잃는다. 교통사고나 충격적인 일을 경험할 때 몸과 마음이 마비되고 멍때림을 경험한다. 기본적인 정보도 떠오르지 않으며 일상적인 대처 반응도 하지 못한다. 사람의 행동은 인격에서 보이는 부분인데, 행동은 지식을 변화시키고 지식은 감정에 영향을 주며 감정은 행동을 지원하며 서로 상호작용한다.

그런데 사람의 마음에는 자신이 의식하는 인격적인 요소 '지정의' 외에도 더 깊은 곳에 상처나 결핍으로 인한 자기만의 '신념, 기대' 또는 '실망감, 수치심' 등이 있으며 영향을 준다. 그리고 더 깊은 곳에서는 생존본능과 욕구가 있다. 생존본능 앞에서 마음의 욕구와 인격은 설 자리를 잃는다. 신념과 기대, 본능은 성격 형성에 영향을 주고 그 이후에 행동도 지배한다.

내면(빙산) 탐색 도식에 의하면 사람의 마음 가장 깊은 곳에는 영이 존재하는데 이것을 심리학에서는 자아(Self)라고 부른다. 성경에 근거하여 생각하면 자아는 영적인 존재로서 자신(Self)이며 영적 실체와 만나고 연결되어 있다. 이렇듯 마음에서 깊은 곳에 있는 것은 일상에서 적게 영향을 주지만 본질적으로는 위에 있는 것들에게 영향을 준다. 성격 체계가 구축된 성인은 자극을 받지 않으면 자기 성격대로 행동한다.

필자가 주변에 있는 목회자들을 보면 에니어그램에서 말하는 유형의 성격특성을 많이 볼 수 있다. 또 어떤 목회자들은 과거의 고난과 상처들을 행동에 나타내기도 하고 반대로 결핍과 고난을 이겨내고 장점으로 승화시켜서 살기도 한다.

자기 행동은 성격에서 나온 것인지 아니면 신앙에서 나온 것인지를 구별하지 못할 수 있다. 그러나 성격을 공부한 필자에게는 그들의 성격과 행동은 관심의 대상이며 구별되기도 한다.

필자가 섬기는 교회에서 성품 세미나를 한 후에 성도들에게 물었다. "어때요? 여러분은 지금 성격대로 살고 있어요? 믿음으로 살고 있어요?" 그들은 웃음과 함께 "성격대로 살고 있다"고 고백했다.

성도들은 믿음으로 살아야 된다는 것을 알지만 실제 행동은 여전히 옛사람의 성격대로 살 때가 많다. 성도들은 구원과 함께 복음의 능력으로 인하여 새 백성이 되었지만 실제 행동은 옛사람의 모습이 나타난다.

신앙이 성장하면서 옛사람의 성격을 내려놓고 자기를 부인하는 과정을 거친다. 필자의 경험을 통해서 볼 때 성격을 알면 자기 행동을 돌아보고 성격과 욕구, 믿음을 알아차리게 되고 변화를 위한 씨름이 시작된다.

본능과 습관은 알아차리고 고치기 쉽지 않지만 행동의 원인과 체계를 알면 변화가 시작된다. 성도들의 행동은 성격과 믿음 사이에서 각자가 선택을 하고, 육체의 소욕과 성령의 소욕 사이에서 양자택일하며 산다(갈 5:17).

성격은 변할 수 있어도 사라지지 않는다.

자기 성격이 마음에 들지 않는다고 버릴 수 있는가?

성격이 형성된 후에는 어느 누구도 성격 자체를 버릴 수 없다. 자기 성격을 버린다는 것은 인간으로서는 불가능하며 죽어야 가능하다.

성격은 자기가 세상에서 잘 살기 위해서 구축해 놓은 생존전략이며 방어체계이다. 성격은 이 세상에 태어나 보고 배우면서 생존전략을 구축한 것이기 때문에 더 좋은 전략 없이는 버릴 수가 없다.

사람의 존재를 영혼육의 삼분설의 관점에서 생각해 보아도 성격은 버리거나 사라지지 않는다. 영혼육 이분설과 삼분설이 있지만 에니어그램에서는 영혼을 분리하여 삼분설을 따르며 성격과 마음의 관계를 설명한다.

그리스어에서는 '영혼육' 단어를 다르게 사용했는데, 영은 '프뉴마(πνεύμα)', 영어로는 'Sprit'이다. 그리스어로 혼은 '프쉬케 (ψυχή)', 영어로는 'Soul', 그리스어로 육은 '사륵스(σάρξ)', 영어로 는 'flesh'이다.

'영(Self)'은 '자아'로써 자신이며 영이 혼을 거처로 삼고 육을 도구로 사용한다. 혼은 영과 육체 사이에서 영향을 주고받으며 영과 육을 연결해준다. 영이 혼에 영향을 주고, 혼은 육체를 지배하고 반대로 육체는 혼에 영향을 주며 혼이 영의 활동에 영향을 준다. 따라서 모든 사람은 혼의 영역을 제거할 수 없는데 성격은 혼에 위치한다. 사람의 성격은 혼에 세워둔 자기 생존 전략이기 때문에 변화가 쉽지 않다. 타인이 성격을 바꾸려고 하면 생존의 공격을 받기 때문에 자신을 방어하거나 상대를 공격한다.

초등학교 시절에 동네에는 일란성 쌍둥이가 있었다.

내가 그 동네로 처음 이사를 갔을 때 그들이 쌍둥이인지를 예상치 못했고 그놈이 그놈처럼 보였다. 외모는 너무나 닮아서 처음 보는 사람은 구별하기 어려웠는데 나중에 친구로 알게 된 후 "무엇이 다르냐?"고 물어보니까 자기 부모들만 빨리 구별할 수 있다고 했다. 그러나 그들의 타고난 기질과 재능은 달랐고 행동과 취미가 달랐다. 나중에는 그들의 외모보다는 행동을 보고 구별하는 것이 더 쉬웠다. 쌍둥이라고 할지라도 타고난 기질이 다르면 같은 환경에서 자라더라도 성격은 달라진다.

성격이 완성된 시기는 청년 시기인데 그전에는 기질과 본능에 의해서 가장 많은 영향을 받고 행동한다. 성장기에 좋은 경험과 돌봄은 자녀들의 성격 발달수준을 높이며 건강하고 큰 사람이 되게 한다. 성격은 타고난 기질과 본능 욕구에 의한 경험을 통해 형성되기 때문에 환경과 새로운 경험을 통한 변화가 가능하다.

청년 시기를 지나서 성격은 완성되지만 성격이 변할 때가 있다. 일반적으로 큰 두려움이나 충격적인 사건을 경험하고 자기 성격에서 감당하지 못할 때는 퇴행한다. 이 퇴행은 정신적 장애나 성격분열 장애, 정체성 혼란 등을 가져오고 어린아이 심리상태로 돌아간다. 이렇게 퇴행하면 주변에서 특별한 보호를 받거나 전문의의 치료를 받음으로 타인의 공격을 해소한다.

또한 사회적인 신분 상승이나 권력, 갑자기 돈벼락을 맞으면 성격이 변한다. 왜 이럴 때는 성격이 변할까? 사람의 성격은 자기 생존기반 위에 만들어졌기 때문에 생존에 변화가 생기면 성격이 변한다. 생존 앞에서는 본능대로 행동하지만 생존문제가 해결되면 다시 제 성격으로 돌아온다.

또한 주변 사람들로부터 인정과 칭찬과 사랑을 많이 받고 자기 정체성에 변화가 올 때 성격이 변한다. 인정과 칭찬과 사랑도 자기 생존에 필요한 마음의 욕구들이다. 좋은 공동체를 만나서 안정을 찾을 때 성격을 형성하던 집착이나 기대, 욕구들이 해결됨으로 성격이 변한다.

또한 수련과 자기 성격 문제를 알아차릴 때도 변한다. 그리고 신앙인들은 신을 체험하고 믿음이 생기면 성격이 변한다. 성도들은 구원의 확신이 생길 때, 성령님을 체험하고 믿음의 크기에 따라서 성격이 변한다. 구원의 확신과 성령의 체험들은 생존 욕구를 이기는 힘을 주고 성격에 있던 부정성이 사라지게 한다.

이와 비슷한 예가 있는데 사람은 자기 죽음을 직면하고 생존 욕구를 포기하고 내려놓을 때 성격이 변한다. 사람의 성격이나 행동이 갑자기 많이 변할 때 주변에서 "너 죽을 때 됐냐?"라고 묻는 것은 우연한 일이 아니다. 죽음 앞에서 생존 욕구를 내려놓으면 그와 함께 집착하던 것도 내려놓게 되고 성격에 변화가 온다.

정리하면 성격이 변할 때는 후천적인 여러 가지 경험을 통해서 생존에 변화가 올 때 욕구와 집착, 기대, 본능 욕구에 대처방식이 변하면서 천천히 조금씩 변한다.

그런데 실제로 자기 성격이 변한다는 것은 쉽지 않고 시간도 많이 필요하다. 일반적으로 사건, 사고나 생존 두려움 때문에 성격이 변하지만 그 두려움과 생존 문제가 해결되면 다시 옛 성격으로 돌아간다.

구원받은 성도들은 은혜를 체험하면 자기 성격을 넘어선 생각과 감정과 행동을 보이지만 은혜의 감격이 사라지면 다시 자기 성격으로 돌아간다. 은혜를 받아도 자기 인생을 이끌어가는 체계를 바꾸지 않으면 도루묵이 된다. 이런 일시적 변화를 전문용어로 '약발'이라고 한다. 따라서 성도들이 은혜를 받으면 믿음이 자라고 신의 성품으로 변화되는 일이 중요하다. 성도들은 구원 이후에 자기 성격을 알아차리고 변화를 위한 훈련과 영성이 필요하다. 복음의 비밀과 능력은 생존과 미래의 운명을 바꾸어 놓은 우주적 사건이기 때문에 성도들의 성격을 능히 변화시킬 수 있다.

하나님은 예수 그리스도를 통하여 사람이 해결할 수 없는 죄와 사망의 문제를 해결하셨고 성령을 마음에 보내 주셨다. 예수 그리스도의 십자가는 성격에 있는 집착과 왜곡된 신념이나 잘못된 체계를 버릴 수 있는 지혜와 능력이다.

구원받은 성도들은 믿음과 성령과 능력을 경험해서 옛사람의 성격을 바꾸는 일이 구원을 이루는 삶이다. 옛사람의 성격을 바꾼다는 것은 신의 성품으로 바꾸는 것이다. 신앙이 성숙해진 사람은 옛사람의 성격이 신의 성품으로 많이 변화된 사람이다.

신의 성품은 천국 백성의 체계이며 믿음이 열매 맺는 체계이다(벧후 1:8). 그들은 은혜의 일에 빠르고 쉽게 반응하고 주 안에서 저절로 열매를 맺는다(요 15:5). 성도들이 신의 성품으로 변화되면 의인의 삶, 영생의 삶, 성령 충만한 삶이 쉬어진다. 성도들도 구원 이후에 영혼육을 가지고 살고 성격 자체를 버릴 수 없으며 성품이 성격을 대체한다.

성격은 일정한 패턴이다.

　청소년기를 지나서 성격이 형성되면 자기만의 사고, 언어, 행동에서 일관성을 갖는다.

　성격이 형성된 사람은 지정의에서 일정한 패턴을 유지하는 것이 정상적이다. 같은 시간이나 같은 장소에서는 고민 없이 자기 성격 패턴대로 생각하고, 감정이 올라오며 비슷한 행동을 한다.

　사람이 어떤 일을 만나서 행동을 결정하기까지는 선악을 생각하고 고민하여 에너지를 많이 사용한다. 노인이 되면 새로운 일을 부담스럽게 여기고 새로운 일을 시도하지 못하는 것은 자기 에너지가 부족하기 때문이다.

　나이가 들면 기억력과 에너지가 부족해서 변화에 대처하는 일이 귀찮아지고 안전욕구마저 위협을 받는다. 욕구가 좌절되면 고통이 찾아오기 때문에 늙으면 욕심을 줄이고 삶의 패턴을 단순화한다. 그래서 변화를 시도하지 않는 사람은 늙은 사람이고, 변화를 시도하면 젊은 사람이라고 말한다. 늙은 사람은 자기 삶을 단순하게 정리하였기 때문에 변화에 유연성이 떨어지고 자기 성격 패턴을 더 고집하게 된다.

　사람은 늙으면 어린아이같이 마음은 단순해지면서도 동시에 고집은 이전보다 더 세진다. 노년에는 자기 경험을 토대로 불필요한 것들을 줄이고 꼭 필요한 것만 붙들고 살기 때문에 변화가 어렵다. 그러나 젊은 사람은 에너지가 넘쳐서 새로운 일을 시도하고 도전하는 것을 좋아한다.

비슷한 상황에서 감정, 생각, 행동이 일정할 때 습관이라고도 표현할 수 있지만 넓게는 성격체계이다. 만일 어떤 성인이 같은 상황에서 아무도 예상치 못한 돌출행동이나 다른 감정을 드러낸다면 주변에서 '성격장애'나 '정신장애'로 여긴다.

성인이 되어서 일관성이 없으면 사회에 적응하지 못하며 공동체에서 어울리지 못한다. 사람들은 그 성격 패턴을 보고 예측하고 반응하고 인격적 관계를 형성한다. 성격을 파악하지 못한 상태에서는 깊은 유대관계를 맺을 수가 없고 서로 불편하다. 사람은 사회와 공동체에서 일정한 성격 패턴을 보임으로써 자기 자리를 지키고 관계를 유지한다.

민간인으로 살던 사람이 군복을 입고 예비군 훈련을 받으러 가면 이전과 다른 행동 패턴을 보인다.

필자가 예비군 훈련을 받을 때는 교관들이 예비군들을 통제하는데 애를 먹었다. 교관에게 반항하거나 거친 행동, 이상한 제안을 하는 등 일상에서 하지 않던 다른 행동들을 많이 했다. 수업시간에 '성격은 패턴이며 일정한 장소와 시간대에 같은 패턴을 보인다'고 들었다. 그래서 옛말에 "환경이 사람을 만들고, 옷이 사람을 만든다"는 명언이 나온 것 같다.

고대부터 자녀들의 교육을 위해서 좋은 환경을 찾아서 이사를 다닌 부모들이 있었는데 그들의 판단은 옳았다. 생각을 바꾸기 위해서는 환경을 바꾸어야 하고 이전과 다른 경험을 해야 한다.

눈에 들어온 것은 뇌를 자극하고 생각을 작동시킨다. 따라서 같은 장소와 환경에서는 같은 생각이 작동하고, 생각은 감정과 행동에 영향을 준다. 에니어그램에서는 각 유형의 행동 패턴을 제시해 주는데 매우 흥미롭다.

내 아내는 6번 유형인데 한가로운 시간이 되면 혼자서 걸레를 들고 습관처럼 청소한다. 나는 아내의 행동을 보고서 타고난 성격이구나! 이렇게 생각하고 배시시 웃는다. 자기 모습을 잘 돌아보면 행동만 패턴이 있는 것이 아니라 감정과 생각도 일정한 패턴을 가지고 있다. 좋은 패턴을 가지고 있는 사람은 좋은 결과를 얻고 나쁜 패턴을 가지고 있는 사람은 나쁜 결과를 얻는다.

사람은 타인의 행동을 볼 때도 자기 행동 패턴으로 이해하려고 한다. 같은 장소, 시간, 상황에서 일정한 패턴을 유지하면서 타인에게도 자기와 같기를 기대한다. 그리고 자기 기대와 다른 행동을 보이면 오해하고 싸움이 된다. 그래서 성격대로 살 때 장점도 있지만 공동체와 사회 속에서는 문제도 일으킨다. 수많은 싸움과 오해가 성격의 차이를 고려하지 않고 자기 패턴으로 판단하기 때문이다.

오늘날 사람들은 대부분 스마트폰을 사용하는데 화면을 열 때 자기만의 패턴을 사용한다. 젊은 사람들은 꽤 복잡한 패턴을 사용하고, 나이를 먹을수록 단순한 패턴을 사용한다. 어떤 패턴을 사용할 것인가 하는 것은 개성이다. 스마트폰을 시작할 때 사용하는 패턴에 대해서는 자기 방식을 주장하지 않고 그냥 '개성'으로 받아들이듯이 성격도 그래야 한다. 스마트폰의 패턴은 타인과의 관계에서 충돌을 일으키지 않지만 성격 패턴은 오해하고 싸움을 일으킨다.

사람은 자기 성격 패턴으로 타인을 바라보고 자기 방식을 요구하기 때문에 이혼까지 간다. 가정과 직장과 공동체에서 만나는 사람의 성격을 그가 사용하는 패턴으로 바라보면 갈등을 줄이고 조금은 쉽게 넘어갈 수 있다. 어쩌면 부부가 평생을 같이 살아도 서로의 성격을 다 알 수 없고, 심지어 부모들도 자녀들의 성격을 모두 알 수 없다. 유전자가 다르고 다른 환경에서 성장한 사람은 다른 패턴을 가지고 사는 것이 당연하다.

우리는 주변에서 외국인을 만날 때 그들의 모습과 행동과 문화를 다른 관점에서 바라보면 큰 문제가 되지 않듯이 성격도 그렇다. 성격은 이 세상을 살아가는 자기만의 독특한 패턴이며 흥미로운 차이점이다.

성격은 일정한 패턴이라는 명제가 단순하지만 필자의 삶에는 큰 도움이 되었다. 에니어그램 수업시간에는 성격유형별로 소그룹모임을 갖고 전체 앞에서 발표하는 시간을 자주 가졌다.

같은 유형의 사람이 발표할 때는 자세한 설명이 없어도 완전 공감되지만 다른 성격유형의 사람들이 발표할 때는 이해되지 않은 모습이 많았다. 말하는 자세나 표현법, 핵심가치나 집착 등 '이렇게 많이 다르구나!'하고 확인하는 시간이 되었다. 유형별로 발표가 끝나면 교수님은 이렇게 말씀하셨다.

"참 흥미롭죠? 흥미로운 패턴이에요."

그 멘트에 서로 다름을 공감하고 빵 터진 웃음으로 교실을 소란스럽게 했다. 그 이후 쉬는 시간에 대화를 할 때, 사진을 촬영하는 모습, 심지어 수업시간에 발표하는 모습을 보면서 "참, 흥미로운 패턴이네요! 흥미로운 관점이네요!"라는 말을 유행어처럼 사용했다. 그렇게 바라볼 때 모두가 서로를 존중해 주는 느낌이 들었다. 흥미로운 패턴을 바라보고 성격특성을 이해하는 것만으로도 재미있고 흥미로웠다.

에니어그램을 통해서 성격을 공부하고 함께 나눈 사람들은 이렇게 흥미로운 패턴으로 보는 훈련이 많이 되었다. 그래서 만남이 편하고 서로의 패턴을 이해하고 알아가는 일을 즐거워했다. 컨퍼런스 때는 자기 가족들과 같은 유형의 사람을 만나서 궁금했던 패턴의 이유를 묻고 들으면서 타인의 패턴을 알아갔다. 학생들은 서로를 바라볼 때 많이 변해가는 것을 느꼈고 가정과 직장에서 변화된 이야기들을 들려주었다.

지금도 우리 주변에는 흥미로운 패턴을 가진 사람들로 가득하다. 옷차림에도 자기만의 패턴이 나타나고 음식을 먹을 때도 그렇다. 옷 가게에서 살 옷이 없다고 말하는 사람은 가게에 옷이 없는 것이 아니라 자기 패턴에 맞는 옷이 없다는 뜻이다. 이 세상에 사는 사람들은 나 자신 말고는 다 흥미로운 패턴을 가진 사람들이다. 그리고 나도 누군가에게 이런 흥미로운 패턴을 가진 사람이다.

　이것이 사람의 성격의 특성이며 정상적인 모습이다. 서로 다른 패턴들을 이해하고 수용해 주는 사회와 공동체가 되면 건강하게 변한다. 서로 다른 패턴을 이해하면 장단점을 이해하고 협력하여 큰일을 할 수 있다. 자기 패턴과 타인의 패턴 차이를 받아들이고 조합을 할 수 있는 사람은 성숙하고 건강한 사람이다.

　오늘날 성격 차이로 싸우거나 이혼하는 일이 많아지고 있는데 마음이 아프다. 서로 소통이 안 되는 것도 성격을 이해하지 못한 결과이다. 성격이란 독특한 패턴을 이해하지 못하면 언제 어디서나 오해하고 갈등을 낳을 수 있다. 우리는 어차피 서로가 다른, 흥미로운 패턴을 가지고 사는 사람들이다. 서로의 성격을 모두 이해할 수 없지만 흥미로운 패턴으로 바라보면 하나 되는 길이 보인다.

　필자는 결혼 직전 또는 신혼부부를 상담할 때면 서로의 장단점을 설명해 주고 타인의 욕구와 패턴을 이해하고 존중할 것을 당부한다. 서로 다른 재능 때문에 집착하고 오해하고 갈등을 일으킬 수 있는 가능성을 알려준다. 성격은 자기만의 일정한 패턴이기 때문에 서로 충돌할 수 있는 모습과 보완할 수 있는 부분이 보인다. 그런 부부는 각자의 장점으로 서로 돕는 배필의 역할을 하고 서로가 소중한 존재로 하나가 될 수 있다. 그런 가정은 문제도 적게 만들며 문제가 생겨도 쉽게 힘을 합쳐 풀어간다.

성격은 자기 가면이다.

'성격'이란 영어로 'personality'를 사용하는데, 이것은 라틴어 'persona'(페르조나)에서 유래했다. '페르조나'는 '가면'이란 뜻으로써 이 단어를 처음 사용한 사람은 스위스 정신과 의사인 칼 융이다.[3]

예를 들면, 어느 날 사고로 얼굴에 흉터를 갖은 사람은 그 흉터를 덮은 가면을 쓰게 된다. 그 흉터는 자기의 부끄러움이며, 수치이기 때문에 가면으로 덮고 다닌다. 치료를 받을 때는 반드시 가면을 벗어야 하고, 혼자 있을 때는 불편하여 벗을 수 있다. 그러나 세상에 나가면 자기 흉터를 보고서 혐오스럽게 생각하고 멀리하는 사람들 때문에 불편해도 가면을 쓰게 된다. 이렇게 되면 타인은 나의 흉터를 볼 수 없고 마음은 한결 편해진다. 그래서 성격은 타인에게 보여주는 얼굴이다.[4] 그런데 그 얼굴은 자기 진짜 모습이 아니고 자기를 감추고 지키기 위해서 사용하는 가면이다.

사람은 누구나 성격이란 가면을 사용하는데, 적절하게 쓰고 벗을 줄 아는 사람이 좋은 성격을 가진 사람이다. 좋은 성격은 상황에 따라서 자기 가면을 쓰고 벗는 대처 능력이 좋다. 상황에 맞지 않게 가면을 벗거나 반대로 가면을 쓰고 나타나면 타인에게 놀림, 두려움, 경계의 대상이 된다.

사람은 건강하지 못할수록 가면에 집착하고 벗고 쓰는 일에 유연성과 자유가 없다. 때로는 타인이 내 가면을 강제로 벗기려고 하면 감추고 싶은 욕구 때문에 분노가 올라오고 싸우게 된다. 타인의 성격을 지적하고 고치려고 시도하는 일은 타인의 가면을 강제로 벗기려는 일이며 생존에 위협을 가하는 것과 같다. 그래서 힘이 약해서 가면을 강탈당하면 부끄럽고 자존심이 상하며 감정이 폭발한다.

사람은 언제부터 가면을 쓰게 되었을까? 성경을 보면 첫 사람인 아담(하와)이 범죄 한 후부터 사용했다. 어느 날 그들은 하나님을 배반하고 선악과를 따먹었다. 하나님의 언약을 배반하고 사탄에게 속은 그들은 심판을 받고 죽음에 이르게 되었다. 그 후부터 생존 욕구와 두려움을 갖게 되고 가면으로 자기 죄를 덮게 된다. 성경에 나타난 아담의 모습은 이렇다.

"이에 그들의 눈이 밝아져 자기들이 벗은 줄을 알고 무화과나무 잎을 엮어 치마로 삼았더라"(창세기 3:7)

이들이 만들어 덮은 치마가 가면과 같다. 아담의 몸은 범죄하기 전과 후가 같았지만 운명이 달라짐으로 부끄러움을 치마로 덮어야 했다. 인류가 가면을 만들어 사용하기 시작한 것은 죄와 사망 때문이다. 그들이 범죄 하기 전에는 자기 부끄러움을 신경 쓸 필요도 없었고 두려울 일도 없었다. 그때는 자기 단점에 대해서 신경을 쓰거나 치마를 만들 이유가 없었다. 범죄하기 이전에는 심판과 죽음이 없었고 자기 생존을 위해서 염려할 필요가 없었다. 그러나 죄와 심판 후에는 자기 생존을 두려워할 존재가 되었고 생존본능과 욕구가 시작되었다.

가면은 이렇게 죄와 심판 때문에 시작되었다. 그런데 이렇게 무화과나무 잎으로 치마를 만들어서 자기 부끄러움을 잘 덮어도 생존문제가 해결되지 않았다. 가면이나 치마를 만들어 부끄러움을 덮어도 근원적인 문제들이 해결된 것이 아니다.

이런 모습은 아담으로부터 시작해서 그 후손으로 태어난 모든 인류에게 계속된다. 자기 생존을 위해서 성격으로 포장하고 살아도 죄와 죽음의 문제가 남아 있다. 성격은 자기 부끄러움과 두려움을 덮은 치마이며 자기 생존을 위해서 만든 가면이다. 하지만 최고의 품질을 갖춘 가면과 옷을 구입해서 자기 부끄러움을 덮어도 문제는 그대로 남는다.

아담의 삶을 추정해 보면 그가 직접 만든 무화과나무 잎은 자기 부끄러움을 덮기에 성능이 떨어지고 지속성이 없다. 무화과나무 잎은 시간과 장소에 따라서 효과에 차이가 나고 유통기한도 짧다. 시간이 지나면 햇빛과 바람에 말라비틀어지고 자기 부끄러움을 또 드러내고 만다. 이런 일이 반복되면 품질이 좋은 가면을 찾게 되고 능력이 된다면 어떤 대가를 지불하더라도 더 좋은 옷과 가면을 사서 쓰게 된다. 한 번 사용하면 반영구적이거나 아니면 타인이 벗길 수 없는 가면이 있다면 얼마나 좋겠는가!

경제가 발전하고 문화가 발전한 나라일수록 부자는 사람들로부터 인정을 받으며 자기 부끄러움을 덮을 수 있는 견고한 가면을 쓰게 된다. 나이를 먹을수록 튼튼하고 견고한 가면이 필요하며 능력이 많을수록 좋은 가면을 사용한다. 공산국가에서 최고 권력자는 생존에 필요한 큰 도구를 가진 자이다. 그는 자기 생존을 위협하는 대상을 제거함으로 문제를 해결한다. 생존경쟁을 하는 세상에서 힘과 능력은 피부에 와닿는 도구들이다. 그러나 그런 권력자도 여전히 죄와 죽음을 두려워하며 사람의 시선과 평가를 살피며 긴장 속에서 산다. 어떤 가면을 쓰든지 땅의 자료로 만든 가면은 한계를 드러내고 죽음과 심판을 해결하지 못한다.

그런데 성경을 보면 하나님께서 이런 아담에게 찾아오셔서 튼튼한 가죽옷을 만들어주신다. 죄를 범한 후에는 무섭고 두렵고 피하고 싶은 하나님이셨는데 심판 후에 그를 긍휼히 여기시고 친히 짐승의 가죽옷을 만들어 입혀주셨다. 이 가죽옷은 평생을 입어도 해지지 않고 자기 부끄러움을 넉넉히 가릴 수 있는 하나님의 작품이다.

이 가죽옷을 만들기 위해서 어떤 짐승은 죽어야 했고 그 가죽옷을 입은 아담은 이전보다 평안을 얻었다. 이것이 죄인을 향한 하나님의 사랑이며 독생자 아들의 십자가 죽음을 통해서 완성되었다. 하나님은 그 희생당한 짐승처럼 독생자 예수 그리스도를 이 세상에 보내시고 인류의 죗값으로 대신 죽게 하셨다. 그리고 그분을 영접한 사람들의 죄와 허물을 덮고 심판으로부터 자유롭게 하셨다.

성경은 예수님의 십자가와 그 은혜를 의의 옷이라고 표현한다. 하나님은 이런 은혜와 사랑을 창세 전부터 그리스도 안에서 계획하셨다. 구약 백성들은 율법을 통해서 짐승의 제사로 자기 부끄러움을 덮었지만 일회용이었고, 예수님의 사역을 예표했다.

짐승으로 만든 가죽옷은 무화과나무 잎으로 만든 옷보다는 뛰어나지만 여전히 그들의 양심에 있는 부끄러움과 두려움, 긴장감을 해결하지 못했다(히 9:9). 그러나 예수님을 통해서 주신 옷을 입으면 죄와 사망의 권세에서 자유케 되고 자기 부끄러움과 두려움을 해결 받고 평안을 누린다. 성도들이 입고 다녀야 할 옷은 예수님을 통해서 주신 의의 옷이며 "made in God" 천국용 옷이다.

　신약 백성들은 믿음과 성령을 통해서 의로운 옷을 입고 다녀야 근원적인 평안과 자유를 경험한다. 이 옷을 입은 사람은 자신을 위해서 다른 옷을 만들거나 구입할 필요가 없다. 이보다 더 좋은 것을 찾아다니거나 구입하려고 수고할 필요가 없다. 그런 수고는 다 헛된 일이다.

　예수 그리스도가 만들어주신 의의 옷은 타인의 시선과 정죄로부터 안전하다. 태풍이 불어도 깊은 바닷속은 요동이 없듯이 주 예수 그리스도 안에서 의의 옷을 입고 있는 사람은 천국의 평안과 기쁨을 누린다. 예수님을 영접하고 믿음과 성령을 따라서 의의 옷을 입고 살아가는 사람은 드디어 자기 생존을 위한 전쟁과 씨름을 멈출 수 있다. 세상에서 더 좋은 가면을 찾는 수고를 멈추게 된다. 그리고 새 백성이 되어서 하나님을 아버지라 고백하며 창조자의 목적에 따라서 자기 본질에 합당하게 살 수 있다.

성격은 동기체계이다.

　위키백과 사전을 보면 '성격은 환경에 대하여 특정한 행동 형태를 나타내고 그것을 유지하고 발전시킨 개인의 독특한 심리적 체계'[5] 라고 정의한다.

동기란 어떤 일이나 행동을 일으키게 하거나 마음을 먹게 하는 원인이나 계기를 말한다.[6] 자기 생각에는 그런 성격을 갖게 된 사연이 있고 지지기반이 있다. 성격이 형성되면 이전과 다른 환경에 처해도 자기 마음에는 이전과 같은 동기를 가지고 행동한다. 따라서 성격을 변화시키려면 먼저 동기를 알고 바꾸어야 하기 때문에 쉽지 않다. 각 사람의 성격마다 조금씩 다른 경험과 동기가 있고 기본적으로 피조물로써 같은 동기들이 있다.

매슬로우는 사람의 마음에 있는 욕구를 5가지로 정리해서 소개했다.

첫째는 생리적인 욕구인데, 사람은 먹고 자고 싸고 쉬는 생리적인 욕구가 가장 강하며 먼저 반응한다. 생리적인 욕구에는 프로이드가 주장한 '성욕'도 있는데 남성과 여성에게서 동기가 다르다. 이런 생리적인 욕구를 해결하는데 강력한 도구는 돈이나 세상 권력이다. 돈과 권력은 세상을 움직이는 동기이며 3차 산업시대에 가장 중요한 목표였다.

매슬로우는 사람의 마음에 생리적인 욕구뿐만 아니라 안전욕구, 소속욕구, 존경욕구, 자아실현의 욕구가 있다고 했다. 왜 이런 욕구들이 마음에 자리 잡고 있으며 이런 욕구들의 동기는 또 무엇일까?

매슬로우가 주장한 5가지 욕구는 죄와 사망 때문에 생긴 생존 욕구이다. 그런데 인격적 존재인 사람은 사회를 이루고 살기 때문에 생리적인 욕구 해결만으로 생존이 안전하지 않다. 생리적 욕구가 해결되어도 생존본능이 작동하고 다양한 생존 욕구들이 일어난다.

그런데 사람의 마음에는 생존본능과 후천적인 기대나 신념만 존재하는 것이 아니라 조상을 통해서 물려받는 기질과 욕구가 있다. 사람은 태어나서 이 기질과 본능에 의해서 반응하고 자기 경험을 토대로 성격체계를 구축한다.

연예인은 그들에게 맞는 기질이 있으며 그 일을 할 때 가장 행복하다. 개그맨들의 마음에는 항상 웃기고 재밌게 살고 싶은 욕구가 있으며 그렇게 살아야 행복하다. 운동에 맞는 기질을 갖고 태어난 사람은 운동 욕구가 있으며 운동할 때 에너지가 솟고 살맛이 난다. 공부를 잘하는 기질을 가진 사람은 연구하고 공부하고 가르칠 때 즐겁고 행복하다.

이런 기질과 재능은 하나님의 형상으로 창조된 아담과 하와로부터 시작되었고, 하나님의 형상을 물려받은 모습이다. 따라서 이 기질과 재능의 발달수준은 한계치가 없으며 동물이 근접할 수 없는 문명과 기술을 만들어오고 있다. 각 사람의 타고난 기질과 타고난 재능은 행동과 성격의 동기다.

성경에는 이런 내용이 있다.

"내 육체가 주를 두려워함으로 떨며 내가 또 주의 심판을 두려워하나이다"(시편 119:120)

"한번 죽는 것은 사람에게 정해진 것이요 그 후에는 심판이 있으리니"

(히브리서 9:27)

아담의 후손은 생존본능을 가지고 태어나며 이 욕구를 해결하기 위한 여러 가지 행동을 한다. 사람의 눈에 보이는 행동은 작은 것이며 보이지 않는 마음에는 많은 동기들이 작동하고 있다. 이것은 자기를 부인하는 일과 관련하여 신앙생활에 중요한 단추가 된다. 성도들은 자기 마음에 십자가의 복음이 심겨지고 죄와 사망, 심판의 문제가 해결되면 마음에 새로운 동기들이 생긴다.

어느 날 한 성도가 설교 후에 내 앞에 와서 "목사님이 왜 그렇게 반복하고 외치는지를 알겠어요. 십자가를 통한 자유를 알겠어요"라고 고백했다. 그리고 성도들의 삶에 자유로운 행동이 많아지고 사람의 시선에 따라서 봉사하고 섬기는 모습이 줄어들기 시작했다. 사람에게 잘 보이기 위한 동기를 버리고 하나님의 영광을 기대하며 섬기면 자유롭고 행복하고 평안이 채워짐을 경험하고 있다.

어느 날 주일 감사헌금 봉투에는 이런 내용이 있었다.

"지금까지 내 삶은 내가 잘나서 내가 잘해서 된 줄 알았습니다. 남에게 인정받기 위해 마음에도 없는 말을 했습니다. 앞으로는 주님께 진정으로 의지하며 남의 유익을 위해서 살겠습니다. 주님… 자유를 주심에 감사합니다."

내가 주님께 고백한 것과 같았다.

동기를 바꾸고 체계를 새롭게 세우는 일은 쉽지 않은 싸움이며 많은 인내와 시간이 필요하다. 옛사람의 마음은 땅에 속한 체계를 가지고 살게 하고, 새 백성의 마음은 하늘에 속한 체계를 가지고 살게 한다.

성격은 나 자신이 아니라 캐릭터다.

이 명제는 당연하지만 이 내용 속에는 많은 지혜와 비밀이 들어 있다.

에니어그램을 공부하면서 필자의 귀에 쏘~옥 들어온 첫 번째 깨달음은 "성격은 나 자신이 아니라 나의 캐릭터다"라는 내용이었다.

일단 이 명제는 이해하기 쉬웠고 나는 주저 없이 받아들였다. 그동안 내 성격을 고치고 싶어서 고민을 많이 했는데, 이게 웬 기쁜 소식인가? 성격은 내 자신이 아니라면 성격 때문에 죽자 살자 몸부림치며 살 필요가 없지 않은가? 또 내 성격체계를 유지하기 위해서 그렇게 고생하며 살 필요도 없지 않은가? 이런 깨달음이 생겼다.

사람은 타인의 평가에 얼마나 속상하고 자존심 상하며 망가지는가? 성격은 나 자신이 아니기 때문에 옷을 바꿔 입듯이 필요할 때 바꾸면 된다. 성격의 준거점들을 보면 발달수준이 높은 사람은 개방성과 외향성, 적극성 등이 높다. 성격이 좋은 사람은 타인의 견해를 잘 받아들이고 자기 변화에 적극적이다. '성격은 나 자신이 아니라 캐릭터'라고 이해하면 변화가 쉬워진다.

연극이나 드라마를 보면 연기자들은 자신이 맡은 캐릭터가 있고, 그 캐릭터에 맞게 연기를 한다. 그리고 연기가 끝나면 다른 캐릭터의 모습으로 살아간다. 사람의 성격은 자신이 살아가는 캐릭터이며 자기 존재 자체와 다르다. 사람의 성격은 타인에게 보여준 캐릭터이며 상황에 따라서 캐릭터를 바꿀 수 있다. 또한 타인이 보여준 캐릭터에 속을 필요도 없다.

에니어그램에서는 이런 점을 잘 설명해 주는데, 인간은 육체를 입고 물질세계에 태어난 영적인 존재로 본다. 참나(진아, Truly ego)는 철학과 심리학에서도 비슷하며 성경의 가르침과 상통한다. 그런데 자신과 타인을 보고 판단할 때 영적인 존재로 인식하고 판단하는 것이 아니라 성격이나 소유로 판단한다.

존재와 성격을 구별하여 생각하는 것은 생각보다 쉽지 않다.

성격이 나 자신 같고, 성격으로 평가하고 또 평가받는다. 그러나 성격은 자신과 엄연히 다르며 자기 욕구를 해결하기 위한 자기 캐릭터다. 이 개념을 알고 있는 사람은 성격에서 발생한 많은 일을 능동적이며 유연하게 대처한다.

평창동계올림픽 때 사복경찰과 경호원들이 안전을 위해서 수고를 많이 했다는 글을 보았다. 사복경찰은 옷으로 평가하면 경찰이 아닌 것 같지만 신분은 경찰이다. 일반적으로는 옷이 신분을 나타내지만 옷보다 중요한 것은 실제 신분이며 옷은 캐릭터일 뿐이다.

사복경찰의 겉모습은 민간인 같지만 그들은 스스로 경찰임을 알고 있으며 경찰의 직무를 수행한다. 그리고 필요할 때 옷을 바꾸어 입고 근무를 수행한다. 옷은 표지판과 같아서 신분과 일치한 옷을 입으면 옷만 보고도 그 사람의 신분을 알 수 있다.

사람이 자기 신분에 맞게 옷을 입고 행동하는 것은 인정받는 데 필요하다. 성도들은 복음 안에서 자기 정체성을 알고 옛사람의 옷을 벗고 새 사람의 옷을 입어야 한다. 옛사람의 캐릭터를 멈추고 주님이 보여주신 새 백성의 캐릭터로 살아야 참 그리스도인으로 인정받는다.

독자들은 성격이 무엇인지를 알아야 한다. 성도들은 스스로 자기 마음과 행동 속에서 옛사람의 특성을 알아차려야 한다. 그 후에는 복음으로 자신을 해석하고 옛사람의 모습을 버리고 새 사람을 입도록 힘써야 한다.

"너희는 유혹의 욕심을 따라 썩어져 가는 구습을 따르는 옛사람을 벗어 버리고 오직 너희의 심령이 새롭게 되어 하나님을 따라 의와 진리의 거룩함으로 지으심을 받은 새 사람을 입으라"(에베소서 4:22-24)

(정답과 결론 도출 또는 논쟁하지 말고, 자기 생각을 정직하게
나누고 서로 경청하며 성령님의 음성을 들으세요.)

1) 성격에 대해서 새롭게 깨달은 것은 무엇인가?

2) 성격은 신앙생활과 어떤 관계가 있는가?

3) 타인의 성격을 바라볼 때 어떤 관점이 필요한가?

4) 자기 성격에 영향을 주고 있는 동기들은 무엇인가?

2
기질과 성격

성격에는 타고난 기질이 있다.

성격은 선천적인가? 아니면 후천적인가?

이 질문은 누구나 궁금해하고 또 수많은 심리학자들이 질문하고 답해 왔다. 가장 보편적인 답은 성격은 조상으로부터 기질을 물려받은 것과 후천적 경험의 상호작용으로 본다.

현대 심리학자들은 성격을 이해할 때 성격특질 중에서 어떤 부분이 유전에 의해서 영향을 받으며, 또 환경적인 요인에 의해서 어떤 성격 특성을 나타내는지에 대해 관심을 보인다.[7] 유전으로 물려받는 타고난 특성들의 조합을 '기질'[8]이라고 하며, 심리학에서는 기질을 선천적으로 타고난 개인의 반응성향이라고 한다.[9] 기질은 성격발달에 기초가 되며 환경적 자극에 대해 개인이 안정적으로 보여주는 정서적 반응양식이다.[10]

모든 사람은 조상으로부터 선천적으로 물려받은 기질이 있는데, 기독교 신학에서는 '하나님의 속성 또는 형상'에 해당된다. 천성으로 불리는 선천적인 기질은 성격에서 후천적인 요인보다 더 많은 영향을 준다.

Dunn과 Plomin(1990)은 성격에 미치는 유전과 환경의 영향에 대한 연구를 종합하여 잠정적인 결론을 제시하였는데, 성격 전반의 변량 중 40%는 유전적인 요인에 의해서 결정되며, 35%는 비공유 환경의 경험에 의해서, 나머지 변량 중 5%는 공유 환경의 경험에 의해서 결정되고, 나머지 20%는 측정오차에 기인한 것으로 추정했다.[11]

필자가 듣고 본 내용에 의하면 이런 유전적인 추정치는 학자들의 견해 중에서 최소치에 해당하며 어떤 학자들은 그 이상을 추정하기도 한다.

2016년 EBS에서 방영된 내용을 보면 콜로라도 쌍둥이 연구소 미카엘 스탈링 교수는 "40-60% 정도가 유전자의 차이에서 비롯된 것이다"라고 했다. 같은 방송에서 허윤미 교수는 측정오차를 감안하면 60-70%가 유전자에 의해서 성격 차이를 가져온다고 하였다. 학자에 따라서 편차는 다르지만 성격 형성에 있어서 기질은 성격의 기초이며, 후천적인 요인보다 더 중요하고 많은 영향을 받고 있다는 견해에는 이의가 없다.

성격이 형성 중인 어린 자녀들은 성격검사를 통해서 유전성만 관찰한다. 이들에게 성격검사는 기질의 장점을 찾아주고 단점을 최소화하기 위해서 필요한 일이다.

부모는 자녀의 행동을 보고서 조상 중에서 누구의 기질을 물려받았는지를 관찰할 수 있다. 외모를 통해서 체질을 관찰하는 것처럼 기질을 관찰하는 것도 어느 정도 가능하고 매우 중요하다.

쌍둥이의 외모와 체질은 비슷하지만 기질은 다르고 성격도 다르게 체계화된다. 기질이 다르면 같은 부모와 비슷한 환경에서 성장해도 관심이 다르고 반응도 다르며 마침내 다른 성격을 갖게 된다. 자녀의 기질이 부모와 다른 경우에는 부모의 관점에서 자녀의 행동을 이해하기 어렵고 이상하게 보일 수 있다.

주변에서 성격을 조금 이해한 부모들은 자녀의 행동을 보고 조상의 기질을 고려하는 지혜를 갖는다. 자녀들의 성격이나 인성이 좋아지기 위해서는 그의 기질에 맞게 양육하고 필요한 경험을 제공해야 한다. 성장 과정에서 당연히 상처와 결핍은 최소화하고 스스로 문제를 극복해 가도록 격려하고 지지해야 한다.

사람이 갖게 된 기질은 자신과 부모가 결정하지 못하고 창조자 하나님의 계획과 섭리에 따른다. 따라서 각 사람은 기질에 의한 관심과 행동의 차이를 그대로 받아들이고 인정해 주어야 한다. 그리고 자기 기질을 개발시켜서 발달 수준을 높이고 그 적성에 맞는 일을 해야 한다.

필자의 원래 가족은 5남매인데 짝수는 모친의 기질을 많이 닮았고 홀수는 부친의 기질을 많이 닮았다. 우리 형제들도 대략 그렇게 인정하지만 성격유형 검사와 인터뷰를 해보면 홀수 형제 중에는 윗 조상의 기질을 물려받았을 가능성도 있다. 부친의 기질과 홀수 형제들의 기질은 확신할 수는 없지만 비슷해 보이고 성격은 다른 점도 많다.

넷째인 필자와 둘째 형의 기질적인 특징은 거의 일치하고 후천적 경험과 환경 차이로 인한 성격은 조금 차이가 있다. 성격을 공부하기 전부터 필자는 어머니를 많이 닮았다는 것을 알았는데 에니어그램을 공부하면서 어머니의 성격을 더 잘 이해할 수 있었다. 실제 성격에서는 여러 가지 후천적인 경험과 환경들로 인하여 차이점도 많지만 기질이 같으면 본질에 있어서는 같은 반응성향을 보인다. 이런 반응성향은 어렸을 때부터 나타난다.

처가댁 식구들의 성격과 기질을 관찰해보면 6남매의 성격과 기질이 조금 더 다양하다. 처가댁 식구들이 모두 한자리에 모이면 기질과 성격의 차이들을 드러내고 알콩달콩 충돌이 생긴다. 명절에 처가댁 식구들이 모이면 필자는 기질과 성격을 고려하고 말과 행동을 관찰하는데 매우 흥미롭다. 다양한 기질과 성격을 가졌음에 놀라고 발달 수준과 건강한 성격의 중요성도 관찰된다. 필자의 아내는 6번 유형인데, 장인과 장모님 모두 6번 유형은 아닌 것 같다.

또한 필자의 9번 기질과 아내의 6번 기질 사이에서 태어난 두 자녀가 있는데 한 명은 6번과 9번의 특징이 많이 나오고, 다른 한 명은 7번 유형으로 나타난다. 7번 유형의 딸은 조용하면서 재미를 추구하는 유형이다. 처음에는 7번 유형처럼 보이지 않았지만 인터뷰를 한 결과 7번의 특성을 보였다. 그리고 7번의 특징을 가지고 질문했을 때 "어떻게 그렇게 잘 아느냐?"고 되물었다.

지금 되돌아보면 큰딸이 어릴 적에 7번의 특성을 많이 보여주었음을 알 수 있다. 우리 부부가 7번은 아니어서 7번 유형의 조상을 살펴보았을 때 처음에는 찾기 어려웠다. 그러던 어느 날 장인어른께서 마을에서 가무와 오락을 즐기는 동영상을 보았다. 처가댁 식구들도 아버님의 낯선 모습에 서로 놀랐는데 그때 필자는 7번의 가능성을 염두에 두고 계속 지켜보았다. 그 이후에 재밌는 것을 좋아하시고 여행도 즐기시고 고통을 싫어하고 치료나 진료를 받을 때 많이 두려워하는 특성을 보였다.
주변에서 7번 유형을 보면 병원에서 검진받는 것을 싫어하고 고통을 꽤 두려워한다. 왜냐면 건강에 문제가 발생하면 자신이 즐겁게 재미를 추구하던 것을 지속할 수 없기 때문이다. 특히나 안전을 보장할 수 없는 민간요법을 통한 치료들 예를 들면 수지침이나 부항 치료, 사혈 치료, 쑥뜸 치료 같은 것은 정색하며 싫어한다.

필자는 이런 공통점을 7번 유형의 사람들에게서 자주 발견했고 그들의 심리를 이해할 수 있었다. 같은 7번의 유형들도 성장배경, 처한 환경, 발달수준의 차이 때문에 성격은 조금씩 다르지만 필자의 눈에는 장인어른이 딱 7번 유형이셨다.

장인어른은 젊은 시절에 술을 많이 드셨다고 들었는데 7번의 기질을 고려할 때 재밌고 즐겁게 살고 싶은데 열악한 환경에서 그렇게 할 수 없으니 그 고통을 잊기 위해서 술을 친구 삼았다는 생각이 들었다. 술이 맛있고 좋아서 마신 것이 아니라 자기 고통을 잊고 싶어서 마시고 7번의 공격성향을 가정에서 사용하셨던 것 같았다.

장인어른께서는 필자가 결혼할 무렵부터 사위가 목사가 될 사람이라며 교회에 발을 내딛기 시작하셨고 그 이후에 술을 끊고 믿음도 좋아지셨다. 지금은 명절에 만나면 딸들이 지난날을 추억하며 공격해도 듣고만 계시는 어린양이 되셨다.

장인의 기질을 물려받은 필자의 큰 딸은 세상에서 재밌는 것을 탁월하게 관찰하고 날마다 기쁘고 행복해하며 살아간다. 그는 엄마와 통화하면서 "어쩜, 하늘이 저렇게 예쁠까! 어쩜, 마을이 이렇게 아름다울까!" 하고 행복한 마음을 전했다. 그는 자연과 계절의 변화에 나타난 아름다움을 느끼고 행복에 젖어 든다. 그는 이렇게 기쁜 세상에 태어나게 하신 하나님께 감사하단다.

이런 기질과 성격 연구가 최근에 많이 이루어지고 있다. 조상들의 성격은 검사가 불가능하고 추정만 가능할 때가 많다. 그래도 조상들이 살아 계시면 관찰이 가능하고 대화를 통해서 핵심 특징을 찾고 유형을 분별할 수 있다.

모든 사람은 아담 이후에 조상의 기질을 물려받고 그 기질은 성격 형성에 가장 큰 영향을 끼친다. 아담이 범죄하고 심판을 받은 후에는 하나님의 형상이 대부분 파괴되고 인격의 요소에서 균형을 잃게 되었다. 이후에 후손들은 부모를 통해서 하나님의 형상 중에서 일부만 물려받고 깨어진 인격 요소를 갖게 되었다.

성격에는 발달수준이 있다.

유전으로 물려받은 기질은 유전자를 통해서 씨앗처럼 물려받고 성장하면서 개발되고 발달한다.

각 사람은 자신이 받은 기질을 '개발됨, 개발 중, 또는 미개발'의 상태로 살아간다. 동일한 기질을 가지고 태어났어도 개발 여부에 따라서 다른 성격 특성을 나타낸다. 그래서 성격은 후천적인 경험과 함께 발달 수준이 중요하다.

에니어그램에서는 이 기질의 개발 여부를 포함하여 '성격의 발달 수준'을 매우 중요하게 여긴다. 누구나 자기 발달 수준이 높은 위치에 있기를 원하지만 그런 희망 사항과 다르게 발달

수준은 대부분 중간 정도나 그 이하이다.

필자가 도형상담을 통해서 몇 년간 만나고 검사한 결과를 보면 어른과 청소년의 발달 상태가 비슷했는데 미개발이 대부분임을 경험했다. 사회에서 큰 리더들은 대부분 기질이 개발되고 발달 수준이 높다. 기질에 있는 타고난 재능이 개발되고 발달 수준이 높은 사람은 타고난 능력과 실력을 발휘한다. 물려받은 기질과 재능은 같아도 성장 과정을 통해서 발달 수준이 낮으면 자기 역량이 작고 큰일을 할 수 없다. 기질의 발달 수준이 낮으면 부정적인 방어기제들이 많아지고 문제해결 능력은 떨어진다.

사람의 성격에서 변화를 일으킬 수 있는 영역은 발달 수준을 높이거나 방어기제를 버리거나 바꾸는 일이다. 이미 굳어져 버린 성격을 바꾸는 일이 어렵지만 생존 변화가 일어나고 후천적인 경험과 환경을 통해서 발달 수준을 높여가면 성격이 변한다.

에니어그램을 공부하신 선생님들은 자기 변화를 위해서 많은 대가를 지불한다. 수업시간이나 컨퍼런스를 통해서 발달 수준을 공부할 때는 자기 민낯을 만나지만 변화의 갈망 때문에 부끄러움도 이겨낸다. 마음은 쑥스럽고 쥐구멍이라도 찾고 싶지만 대부분 비슷하기 때문에 동질감이 생기고 서로가 서로에게 공감하고 격려하는 분위기라서 안심도 된다.

교수님도 수업시간에 한 말씀 하시는데 대부분 사람이 발달

수준을 검사하기 전에는 자기 수준이 높을 거라고 생각하지만 실제로는 그렇지 않다고 위로해 주신다. 우리 모두가 비슷한 존재라는 것을 알 때 서로를 인정하고 존중하는 마음을 갖게 되는 것을 경험했다.

이전에 부모들이 살던 시대에는 가난했고 생리적 욕구를 해결하기에 정신없었다. 그 시대에 어떤 부모가 자녀들의 기질을 생각하고 발달시킬 생각을 했겠는가? 조상들은 대부분 매일 눈을 뜨면 하루 먹거리를 걱정하고 고달픈 노동과 함께 생존과 싸우며 사셨다. 그런 부모 밑에서 성장한 자녀들은 발달 수준이 높지 못했다. 지금 시대는 경제적 여건이 많이 변했다. 특히 한국은 생리적 욕구를 해결할 수 있도록 안정이 되었지만 기성세대는 여전히 생존을 걱정하고 먼저 반응을 한다. 그러나 요즘 젊은 세대들은 생존을 위한 걱정보다는 자아실현이 중요한 이슈다.

에니어그램을 공부하시는 선생님들은 자녀들의 기질을 더 중요하게 여기고 기질에 맞는 환경을 제공하려고 노력한다. 부부간에도 오해하고 이해할 수 없었던 행동을 이해하고 문제를 대처하는 방식이 변하고 성숙해지고 있음을 나누었다.

요즘 학교에서는 인성교육의 중요성을 깨닫고 심혈을 기울이고 있다. 그런데 인성교육은 성격의 발달과 관련 있으며 가정이 학교보다 더 많은 영향을 준다. 발달 수준이 높으면 문제를 작게 만들고 해결 능력이 뛰어나다. 그들은 관계망이 넓고 통합 능력도 뛰어나다. 발달이 잘 된 사람일수록 성격의 준거점들인 외향성, 개방성, 긍정성, 도전성, 적극성이 높다. 그들의 마음에는 당당함과 자신감이 높고 자신이 맡은 일에 대한 역량이 뛰어나다.

반대로 발달 수준이 낮을수록 스스로 움츠러들고 문제와 고통을 많이 겪는다. 발달 수준이 낮으면 에너지와 능력을 자기를 방어하고 감추는데 사용한다. 때로는 성격장애나 심리적인 문제들이 나타나고 치료가 필요할 때도 있다.

심리학에서 제시하는 성격유형과 특성은 자신에게 해당 사항이 없을 수 있지만 발달 수준은 누구에게나 해당된다. 이 발달 수준은 처음에는 부모의 역할에서 시작되고, 청소년기에는 친구들과 사회적 경험이 중요하다.

인지 영역이 발달하면 학교 성적이 올라가지만 건강한 성격은 인격적인 만남과 충돌들을 겪으면서 다듬어지고 발달한다. 인격은 인격적인 존재를 만나서 상호작용하면서 발달하는데 학력고사 위주로 교육하고 관계를 단절시킨 청소년들은 이 부분이 취약하다. 이전에는 공부만 잘하면 좋은 대학에 입학하고 좋은 학교는 취업을 보장했지만 지금은 달라졌다. 오늘날 4차 산업시대에 들어선 후에는 개인의 능력보다 인성과 통합능력이 더 필요하다.

필자가 섬기는 교회에서는 5월 가정의 달을 맞이하여 대화법 세미나를 몇 년 동안 진행했다. 처음에는 필자가 대화법 책을 소개받고 너무 좋아서 리더들과 공유하고 책 스터디를 하다가 성도들과도 공유하기 시작했다. 모든 성도들이 이에 대한 필요함을 깨닫고 강의와 소그룹 나눔 교재를 만들어서 함께 배우고 성장했다.

대화법이나 대화의 기술은 운전보다 어렵고 습관이 쉽게 바뀌지 않지만 훈련에 참석한 사람은 자신을 돌아보게 되는 등 작은 변화들이 생겼다. 열심히 참석하고 변화를 위해서 시간과 열정을 투자한 성도들은 자신의 성장 기회를 붙잡았다. 그리고 필자가 에니어그램을 공부한 후에는 '신의 성품'에 대해서 관심을 갖고 연구하며 신앙에 접목시켰다.

인격의 변화는 한 번의 경험과 훈련으로 완성되지 않는다. 많은 시간과 과정이 필요하며 모르던 것을 알아차린다는 것은 매우 중요했다. 성격에서 발달 수준은 대화법보다 더 어렵고 넓다. 자기 발달 수준과 문제들을 알아차리고 나누어야 발달할 수 있는데 이 일은 자존심이 상하고 낯 뜨거움을 경험해야 하는 일이다. 감추면 당장은 좋을 것 같지만 변할 수 있는 기회를 놓치게 된다. 결국 발달 수준은 자기 수준에서 문제를 만나게 되고 풀어가며 행복과 고통을 결정하게 된다. 감추고 싶은 것을 감추면 잠시는 부끄러움을 피할 수 있지만 성장의 기회도 사라진다. 성경에서는 이렇게 말씀한다.

"그들이 은밀히 행하는 것들은 말하기도 부끄러운 것들이라 그러나 책망을 받는 모든 것은 빛으로 말미암아 드러나나니 드러나는 것마다 빛이니라"(에베소서 5:12-13)

감추어 둔 것은 해결이 되지 않고 그 상태에 계속 머물러 있다가 나중에 자극을 받으면 반응을 일으킨다.

프로이드의 공헌 중에서 사람의 마음에는 무의식과 전의식이 있으며, 무의식에 있는 것은 스스로 알지 못하고 고칠 수 없다는 것이다. 자기 장점은 묻지 않아도 나팔을 불지만 부끄러운 일은 덮고 가면을 쓰고 감추는 것이 본능이다.

그런데 덮어둔 문제는 지속적으로 영향을 주고 문제를 일으킨다. 우리 사회는 '미투(Me too!) 운동'으로 꽤나 요란했다. 사회 각처에서 일어난 성범죄로 고통을 당한 사람들이 용기를 내어 고백했다. 고백하는 것은 자기 수치이지만 감추지 않고 드러낼 때 더 밝고 나은 사회를 만들 수 있다. 감추고 살면 내면에 고통과 눌림을 가지고 살아가고 자기 삶에 부정적인 영향을 준다. 반면에 고백하면 후폭풍을 맞이할 수 있다. 그래서 고백하는 일은 매우 힘들고 강요해서 될 일이 아니라 사회나 공동체의 분위기와 관계가 중요하다. 주변에서 사랑과 공감으로 대처해주고 허물을 덮어준다면 고백으로 인한 수치는 곧 사라지고 마음의 눌림에서 해방된다.

필자는 셀 교회를 하면서 성도들이 그동안 감추던 것을 나누는 것을 보며 이 일이 얼마나 어렵고 힘든지를 경험했다. 소문의 두려움, 평가와 정죄의 두려움, 때로는 가정에 싸움과 위기가 올 수도 있다. 최소한 성도들은 하나님의 사랑을 가지고 자신이 용서받은 사람으로서 타인을 이해하고 아가페 사랑으로 허물을 덮어주어야 한다.

교회는 이렇게 용서받은 죄인들이 자유를 얻고 서로 아가페 사랑으로 하나 되는 곳이 아닌가? 성도들도 생존본능에 반응하고 타인의 허물과 죄를 소문내고 공격용으로 사용하던 습관을 반드시 멈추어야 한다. 교회는 성전으로써 인생의 문제를 하나님 앞에서 고백하고 해결 받는 곳이기 때문에 마음에 눌림이 있는 사람이 찾아와서 자유와 치유를 경험하는 토양이 되어야 한다.

학교에서 에니어그램 수업 시간에도 삼삼오오 나눔 시간을 많이 갖는다. 학기 초에 선배들의 나눔 수준은 필자에게 꽤나 충격이었다. 자기 치부를 드러내고 허물을 고백하는 일이 너무나 자연스러웠다.

필자가 셀 교회를 세워가면서 나눔의 벽과 어려움을 많이 경험했는데 어떤 부분에서는 우리 성도들보다 더 잘 오픈하고 까발리는 것 같았다. 그리고 졸업할 때쯤이면 서로를 바라보면서 들어주고 함께 해준 마음에 고마움을 전하며 서로가 많이 변했음을 느낀다. 이렇게 변화를 추구하던 선생님들은 외모나 스타일도 달라지고 얼굴에 편안함과 여유가 많이 생긴 것을 목격

했다.

고백과 나눔은 변화와 성장으로 가는 길이지만 나눔이란 언제 어디서나 큰 부담이 따른다. 여전히 감추어야 할 것도 있고 감추는 것이 유익하고 득이 될 때도 있다. 스스로 자기 허물을 드러내는 것은 빛이 되기도 하지만 누군가에게는 고통이 될 수도 있다.

교회의 장점은 예수 그리스도의 대속(代贖, ransom)으로 이미 용서를 받았기 때문에 감출 것도 없고 정죄할 이유도 없다. 교회는 서로의 시선을 의식하지 않으며 평가와 정죄로부터 가장 자유를 누릴 수 있는 공동체이다.

성도들의 신앙은 서로 나누고 하나 됨을 통해서 하나님 안에 거하고 함께 발달하고 성장한다(요 17:21, 엡 4:16). 초대교회는 집에서 떡을 떼며 교제했는데 이것이 연약한 자가 하나님을 경험하고 성장할 수 있는 도구였다. 함께 공동체를 이루고 나누고 인격과 신앙이 발달해가는 것은 하나님의 뜻이며 소원이다.

사람은 가정과 친구, 학교, 기타 공동체를 통해서 서로의 다른 점을 배우고 이해하며 함께 성장한다. 그래서 가정과 교회는 자기 기질과 성격을 알고 발달할 수 있는 공동체의 장을 만들어야 한다. 성도들의 기질과 재능이 발달하면 이것은 신의 성품으로 사용되며 발달 수준만큼 믿음의 열매를 맺게 된다.

성격에는 기질의 장점이 있다.

성격을 알아야 할 이유는 성격 안에는 성격의 기초가 되는 기질이 있고 기질에는 선천성 장점들이 있기 때문이다.

비록 후천적인 경험을 통해서 집착이나 성격에 단점들이 나타나지만 이런 단점들은 기질의 장점 때문에 생기는 경우가 많다. 사람마다 달란트의 차이가 있으며 장점이 다르다. 성격을 볼 때 선천적인 기질의 장점을 보게 되면 단점을 예측할 수 있고, 단점을 보면 기질의 장점도 보인다.

필자는 에니어그램을 공부하면서 성격을 이해할 때 단점으로 보이는 것들이 그 사람의 장점이 될 수 있다는 사실에 놀라웠다. 아직은 잠재력으로 남아 있으며 문제를 많이 일으키고 있지만 그 사람의 기질 때문에 그런 반응을 한다. 성격 안에 있는 기질의 장점을 알고 격려하면 마음에 빛이 임하고 용기를 얻고 성장한다. 성격을 알면 기질의 장점을 인정해 주고 존중해 주는 것만으로도 놀라운 변화들이 시작된다.

에니어그램을 공부하며 필자가 이전과 달라진 부분 중 하나는 성격의 단점이 보일 때 개발되지 못한 장점이 보인다는 것이다. 어린이나 청소년들을 만날 때면 단점으로 보이는 행동에서 장점을 말해 준다.

주변에서 4번 유형의 청소년들을 만나면 그들은 자기의 독특함 때문에 놀림을 받았고 마음이 눌리고 자신감을 잃었다.

나는 이들에게 "외계인이 아니라 타인이 따라올 수 없는 하나님의 특별한 솜씨를 가진 사람이다"라고 말한다. 그리고 "하나님은 너의 특별한 감각을 통해서 이 세상의 아름다움을 보게 하시고 그 영광을 나타내시는 거야! 너는 그런 부분에서 특별한 장점이 있어!"라고 말해 준다. "너의 그런 부분이 개발되고 있기 때문에 너를 외계인이라고 부르는 소리를 듣는 거야! 너 같은 재능을 가진 사람들이 예술 분야를 주도하고 그들 때문에 세상은 아름다움을 보는 거야!"라고 말한다.

그들에게 한 가지를 더 추가하면 생존본능과 욕구를 말해 주고 그 재능을 자기 생존으로 사용하지 말고 하나님의 부르심과 영광을 위해서 사용하라고 부탁한다. 그러면 그의 얼굴빛이 달라진다.

사람이 조상으로부터 물려받은 기질은 전능하신 하나님으로부터 온 것이기 때문에 발전 가능성이 무한대다. 사람에게 주어진 재능이 하나님처럼 커질 수는 없지만 발달 수준에 따라서 놀랄 일을 해낸다. 우리는 사람이 만들어 낸 스마트폰과 AI 등 현대의 문화와 기술의 발전을 보면서 사람의 능력이 얼마나 위대하고 큰지를 실감한다. 하나님은 사람을 하나님의 형상대로 창조하시고 인격과 재능을 주셨다. 각 사람은 태어날 때부터 물려받은 기질과 재능을 발전시켜서 세상을 이끌고 통치한다.

"하나님이 이르시되 우리의 형상을 따라 우리의 모양대로 우리가 사람을 만들고 그들로 바다의 물고기와 하늘의 새와 가축과 온 땅과 땅에 기는 모든 것을 다스리게 하자 하시고"(창세기 1:26)

사람이 동물과 다른 것은 하나님의 형상을 입었고 그래서 인격적이며 세상을 다스릴 재능을 부여받은 것이다. 하지만 사람이 태어날 때는 동물들보다 발달이 느린 상태이며 스스로 생존 능력이 없다.

동물들은 태어나서 며칠이 지나면 스스로 기거동작하고 생존 욕구를 해결해 나가지만 사람은 출생 후 1년이 지나야 겨우 그 단계에 이르고 이후에도 부모의 돌봄이 계속된다. 그러나 사람은 하나님의 형상 때문에 동물과 비교할 수 없는 재능과 지혜가 있다. 보이지 않는 신적 존재를 인정하고 신을 섬기며 세상을 다스리는 자리에 서게 된다.

필자는 갓난아이를 볼 때면 그 능력에 감탄하고 놀라울 때가 많다. 3-4살만 되어도 스스로 스마트폰을 터치하고 자신이 보고 싶은 '뽀로로'를 선택해서 볼 줄 안다. 스스로 밥도 먹을 수 없는 어린 것이 자기가 듣고 싶은 노래나 음악을 찾고 즐기는 모습에 입이 쩍 벌어진다.

원숭이나 기타 동물을 훈련 시킨다면 이런 일이 가능할까? 사람은 하나님의 형상으로 창조되었기 때문에 이런 놀라운 일이 가능하며 더 놀랍도록 발전해 간다. 사람이 조상으로부터 물려받은 기질은 발달을 통하여 자기 능력이 되며 그 재능으로 자기 생존에 대처하고 세상을 다스린다. 따라서 사람의 성격과 재능에는 후천적인 개발 여부도 대단히 중요하다. 그것은 자기 그릇을 키우는 일일뿐 아니라 생존에도 필요하며 구원 이후에는 성령의 도구가 된다.

12사도로 부름받은 사람들을 보면 그들의 기질대로 쓰임 받고 발달 수준만큼 하나님이 사용하신다. 베드로는 주님 곁에서 가장 많은 것을 경험했지만 성경을 기록할 재능은 많지 않았다. 하나님은 그런 부분에서 크게 발달한 바울을 불러서 사용하신다. 바울은 예수님을 만나기 전에 자기 기질과 재능을 크게 발달시킨 사람이다. 이런 점을 생각할 때 필자는 주일학교와 청소년들에게 신앙만 강조하지 않고 그들의 장점이 개발되도록 다양한 경험을 추천한다.

아직 자녀들의 믿음이 작아서 고민하는 부모들에게도 기질의 발달이 이루어지고 있으면 긍정적으로 보고 기도하고 기다리라고 부탁한다. 청소년 시기에 믿음이 없어서 비행기를 타고 돌아다니는 자녀를 둔 부모에게도 하나님은 그와 동행하시고 그의 그릇을 키우고 계신다고 조언한다. 성경을 보면 우리 안에 생긴 믿음은 그의 성품을 통해서 열매를 거둔다(벧후 1장). 그 성품은 이전에 발달시킨 기질의 재능을 그대로 사용하며 리더십과 도덕성도 포함한다.

에니어그램에 의하면 9가지 성격 중에는 사람의 시선을 끌고 성공적인 재능으로 불리는 기질의 장점이 있고 그렇지 않은 기질도 있다.

예를 들면 3번 유형의 장점은 일을 뛰어나게 잘해서 성공적인 업적을 많이 만든다. 4번 유형은 외계인이라고 놀림을 많이 받지만 예술적인 부분에서 재능이 발달하면 이들을 따라갈 자가 없다. 5번 유형은 머리가 좋고 기억력과 지식, 정보에 뛰어난 재능이 있다. 이들은 어릴 때부터 암기력이 좋고 컴퓨터란 별명을 얻곤 한다. 7번 유형은 재밌고 웃기는 재주가 있는데 개그맨들이 많다. 8번 유형은 사업수단이 좋고 운동감각이 뛰어나며 큰일을 잘 해낸다. 1번 유형은 문제 분석 능력과 개선의 감각과 통찰력이 뛰어나고 외모도 인정받을 만큼 깔끔하다. 2번 유형은 타인의 필요를 잘 알아차리고 자신을 희생하며 잘 섬긴다. 6번 유형도 성실하고 책임감이 강하지만 그렇게 특별한 장점이 잘 드러나지 않는다. 9번 유형은 몸 반응이 빠르고 잡기에 능하지만 탁월한 장점이 잘 보이지 않는다.

직업과 생존의 관점에서 보면 세상에서 성공하기 좋은 재능이 있고 그렇지 않은 재능도 있다. 사람은 9가지의 재능이 모두 필요하고 조금씩 가지고 있지만 인정받고 쓰임 받는 재능은 발달 수준이 결정한다. 어떤 사람은 타인이 보기에 '사람 좋다!'는 말을 들을 수 있는데 타인보다 앞선 경쟁력이나 장점을 말하기는 어려운 기질이 있다. 그러나 그 장점도 개발하면 타인과 구별되는 자기만의 캐릭터가 되고 경쟁력이 된다.

필자는 성격을 공부하기 전, 나의 장점이 무엇인지를 알지 못했고 고민도 많았다. 그래서 성격을 공부하면서도 9번의 장점은 무엇인지를 많이 생각하고 같은 유형의 좋은 리더들을 관찰했다.

어느 날 수업시간에 사용된 자료를 보았는데, 그는 세계적인 그룹에서 리더로서 일하는 내용이었다. 그를 통해서 9번 유형의 장점을 보았고 위로를 받은 기억이 있다. 9번 유형의 사람은 까다롭지 않고 잘 양보하고 공동체에 해(injury)를 주지 않는 장점이 있다. 그리고 수업시간에 또 다른 소망과 위로의 내용을 들었는데 에니어그램에서 9번을 가장 높은 곳에 위치하게 한 것은 에너지가 가장 크기 때문이다.

9번은 균형을 잡고 사람과의 관계에서 평화를 만들어내는 장점 외에 힘들어도 코끼리처럼 잘 견디는 장점이 있었다. 그리고 장유형이기 때문에 몸을 사용하는 기술이나 운동에도 감각이 뛰어났다.

필자가 9번의 장점을 생각하고 나를 돌아보았을 때 어떤 이론을 들으면 한쪽으로 치우치거나 균형을 잃은 논리를 빨리 알아차리는 장점이 있었다. 이 감각이 학문에서 사용될 때는 균형을 찾고 한쪽으로 치우쳐서 문제가 될 것을 막고자 하는 재능이 있었다. 그래서 원리에 집중하고 찾아내며, 그 원리로 현상을 다양하게 해석하고 이해하는 능력이 있었다.

에니어그램을 통해서 필자의 성격을 안 후에는 목적이 이끄는 목회보다는 관계 중심적인 목회를 해야 한다는 것도 알았다. 하나님이 나를 9번의 기질로 태어나게 하신 것은 하나님의 평화를 실천하고 그 평화를 이루는 목회를 하라는 것임을 알았다. 힘들고 지친 영혼들에게 하나님의 평화를 경험하게 하고 천국의 쉼과 자유를 누리도록 목회를 하는 것이 나다운 것이다. 나의 달란트를 고려하면 나의 사명은 일 중심으로 많은 성과를 내기보다는 관계 중심의 목회이며 셀 목회에 적합하다.

필자는 사람의 성격과 기질, 사명을 안 후에는 성도들의 달란트를 살피고 일을 맡기며 격려한다. 또한 필자는 나와 다른 성도들의 재능과 장점을 보면서 동역하게 하신 하나님의 손길을 느끼며 감사한다.

자기 성격에서 장단점을 찾아보라. 그리고 유전으로 물려받은 기질의 재능과 성격의 발달수준을 살펴보라. 주님의 지체로써 서로를 이해하고 시기와 분쟁을 멈추고 자기 역할을 붙잡아야 한다.

"몸 가운데서 분쟁이 없고 오직 여러 지체가 서로 같이 돌보게 하셨느니라"(고린도전서 12:25)

(정답과 결론 도출 또는 논쟁하지 말고, 자기 생각을 정직하게 나누고 서로 경청하며 성령님의 음성을 들으세요.)

1) 베드로 성격의 장단점은 무엇이었나?

2) 사도 요한 성격의 장단점은 무엇이었나?

3) 가룟 유다 성격의 장단점은 무엇이었나?

4) 자기 성격의 장단점은 무엇인가?

3
성격의 형성과정

성격은 생존전략이다.

성격의 형성과정을 알게 되면 자녀를 대하는 자세가 바뀌고 성격을 이해하는 지혜가 임한다. 또한 자기 성격에서 바꾸어야 할 것과 그 이유도 알게 된다.

성도들이 성격과 형성과정을 알게 되면 자기 신앙 모습과 성경 말씀을 깊게 이해할 수 있다. 사람의 성격은 타고난 기질을 기반으로 환경을 통해서 자기 생존에 반응하면서 형성된다. 모태에 있는 태아들도 생존 두려움을 가지고 반응한다는 것은 익히 알려진 사실이다.

프로이트와 심리학자들은 사람이 태어날 때부터 가지고 있는 생존을 유지하고자 하는 본능에너지를 '추동 또는 리비도'라고 불렀다. 그리고 이 리비도가 표출되는 양상에 따라서 성격이 형성된다고 보았다.

사람은 생명을 가진 순간부터 생존에 대처하며 발달한다. 생존본능은 긍정적인 측면에서 보면 자신을 성장시키고 발전시키는 동기다. 어릴 때는 가정에서 부모를 통해서 성공과 칭찬, 위험, 상처, 결핍을 경험할 때 생존에 유리하도록 성격체계를 세운다. 이런 후천적 경험을 통해서 안정된 운영체계가 세워지면 그 후에는 성격대로 판단하고 행동한다. 사람의 성격이 쉽게 바뀌지 않는 것은 이렇게 생존본능에 의해서 체계가 세워졌고 여전히 생존의 두려움이 존재하기 때문이다.

생존 문제가 해결되지 않았는데 어떻게 자기 생존전략을 바꿀 수 있겠는가? 자기 재능으로 생존본능에 유리한 체계를 세우면 자기 재능에 집착하게 되는데 그것이 다른 발달을 막고 단점이 된다. 그래서 사람이 성격을 바꾼다는 것은 생존 문제에 변화가 왔을 때 쉬워진다.

생존에 필요한 힘과 능력, 새 직장, 반대로 질병이나 죽음 앞에 서게 되면 생존 욕구의 변화로 성격이 변한다. 사람은 생명을 갖는 순간부터 사망의 권세에 종노릇하며 생존과 죽음을 두려워하며 반응한다. 그리고 사탄은 사람의 연약함과 두려움을 이용해서 욕심을 갖게 하고 죄를 짓게 유혹한다.

"자녀들은 혈과 육에 속하였으매 그도 또한 같은 모양으로 혈과 육을 함께 지니심은 죽음을 통하여 죽음의 세력을 잡은 자 곧 마귀를 멸하시며 또 죽기를 무서워하므로 한평생 매여 종노릇 하는 모든 자들을 놓아 주려 하심이니"(히브리서 2:14-15)

"욕심이 잉태한즉 죄를 낳고 죄가 장성한즉 사망을 낳느니라"(야고보서 1:15)

마귀는 아담과 하와를 속인 후에 죄로 인하여 죽음의 세력을 잡았다. 마귀는 죽음을 두려워하는 마음을 이용해서 인류를 지배하고 자기 종이 되게 한다. 일반적으로 죽음이 무서운 것은 죽음 이후에 자기 운명을 알지 못하기 때문이며, 영적으로 심판이 있기 때문이다. 죽음이 없다면 어떤 일을 만나도 두려워할 이유가 없다.

어릴 적 게임을 할 때 죽지 않는 아이템을 획득하면 그 이후에는 편한 마음으로 게임을 즐길 수 있었다. 만일 죽음 이후가 지금보다 더 좋고 행복하다면 두려워할 이유가 뭐가 있겠는가? 오히려 죽음은 소망이요 기쁨이 될 것이다.

영은 소멸하는 존재가 아니기 때문에 이 생을 마치면 하나님 앞에 서서 심판을 받게 된다. 영화 '신과 함께'처럼 죽음 이후에 심판의 과정을 거치고 상응하는 형벌을 받기 때문에 죽음이 두려운 것이다.

성경을 보면 아담과 하와가 범죄 하기 전에는 하나님의 음성을 들을 때 '사랑의 목소리요 기쁨의 소리'였다. 그러나 범죄 한 후 심판받을 상황이 된 후에는 하나님의 음성을 듣는 것이 두렵고 그분의 얼굴을 피하고 숨는다.

죽음을 두려워하면 싸우거나 피하는 행동을 한다. 이렇듯 사람의 성격은 생존의 문제와 영적인 영역까지 결탁되어 있기 때문에 쉽게 고칠 수 없다. 그래서 타인의 성격을 보고 바꾸라고 말하는 것은 생존전략을 포기하고 "너 죽으라!"는 말과 같다. 타인이 성격을 비판하고 고치려고 강요하면 생존본능이 일어나고 두려움에 의해서 싸우거나 피하게 된다.

그런데 하나님은 자기 독생자를 보내 주셔서 죄와 사망, 심판의 문제를 해결해 주셨다. 예수 그리스도는 십자가와 부활을 통해서 인류에게 새길을 열어주셨고 믿음으로 반응하여 새 언약에 반응하기를 원하신다. 예수님을 믿고 영접한 사람은 죄와 심판을 '지금 여기'에서부터 해결 받고 새 삶을 누린다.

"내가 그리스도와 함께 십자가에 못 박혔나니 그런즉 이제는 내가 사는 것이 아니요 오직 내 안에 그리스도께서 사시는 것이라 이제 내가 육체 가운데 사는 것은 나를 사랑하사 나를 위하여 자기 자신을 버리신 하나님의 아들을 믿는 믿음 안에서 사는 것이라"(갈라디아서 2:12)

사도 바울의 경험은 모든 믿는 자들의 모범이며 샘플이다. 하나님은 예수 그리스도 안에서 죄와 사망의 권세를 멸하시고 믿는 자들에게 영생의 삶을 살게 하신다. 성도들은 믿음과 성령 안에서 죄와 사망과 심판의 두려움을 실제로 벗고 천국의 평안과 기쁨을 경험한다(롬 14:17). 그렇게 살아가는 성도들에게 사탄은 힘을 발휘하지 못하고 오히려 그들을 통해서 결박을 당한다.

죄 용서를 받은 사람과 받지 않는 사람의 마음은 하늘과 땅 차이다. 이것을 경험한 성도들은 예수 그리스도의 복음 안에서 생존본능을 뛰어넘는 은혜와 힘을 경험한다. 비록 성도들이 육체를 가지고 이 세상에 머물러 있기 때문에 생존본능과 두려움이 올라오지만 복음의 권세와 성령의 능력으로 이긴다.

성도들은 믿음과 성령 안에서 옛사람의 두려움과 집착을 내려놓음으로써 성격이 변한다. 구원받은 성도들이 옛사람의 성격을 벗어던지고 신의 성품으로 변할 수 있는 것은 이런 근원적인 문제들이 해결되었기 때문이다. 성도들은 주 예수 그리스도 안에서 더 이상 자기 생존과 재능에 집착할 필요가 없다.

하나님은 구원받은 성도들에게 "너희는 유혹의 욕심을 따라 썩어져 가는 구습을 따르는 옛사람을 벗어 버리고 오직 너희의 심령이 새롭게 되어 하나님을 따라 의와 진리의 거룩함으로 지으심을 받은 새 사람을 입으라"(엡 4:22-24)고 명령하신 것은 전혀 이상한 일이 아니다.

신약성경에 나타난 서신서들과 오늘날 교회와 성도들의 문제는 옛사람의 습관과 체계를 버리고 살 것인가? 아니면 여전히 그것을 붙잡고 살 것인가? 하는 선택에서 온다. 새 백성으로 합당하게 살기 위해서는 옛사람의 옷을 벗어 던지고 하나님의 성품으로 새 옷을 입어야 한다.

예수님이 제자들에게 "자기를 부인하라"고 말씀하신 것도 이런 근원적인 생존의 문제와 연결되어 있다. 성도들은 옛사람의 습관을 따라서 생존전략을 가지고 본능을 따라서 살면 결국 멸망에 이른다는 것을 안다(유 1:10). 사람의 성격이 형성되는 기반을 알게 되면 고칠 수 있는 길이 보인다.

성격은 후천적인 경험으로 완성된다.

어릴 적에 필자는 부모님을 도와서 비탈진 작은 밭에서 일한 경험이 있다.

산을 개간한 비탈진 밭이라 위쪽에는 흙이 작고 돌이 많았다. 그곳에는 고구마와 콩을 심어도 뿌리를 깊이 내리지 못하고 열매를 거의 맺지 못했다. 그러나 아래쪽은 땅을 파면 지렁이가 살고 있을 만큼 토양이 좋았고 씨를 뿌리면 많은 열매를 맺었다.

사람이 자란 환경과 경험은 성격 형성에서 밭과 같다. 타고난 기질은 동일할지라도 후천적인 경험을 통해서 집착과 왜곡된 신념, 정서, 발달수준을 결정한다. 성장 과정에서 생존의 두려움과 본능적인 반응을 할 때면 주변의 반응이 중요하다. 결핍은 성장을 위한 밑거름이 되기 때문에 주변에서의 해석과 대처방식이 매우 중요하다.

좋은 성격은 좋은 환경뿐만 아니라 좋은 격려와 반응을 필요로 한다. 부모들은 자식을 낳은 순서에 따라서 기대와 대처방식이 다르다. 그래서 성격은 부모와 자녀의 상호작용이나 양육형태, 출생순서까지 영향을 준다.

일반적으로 부모들이 첫째를 낳고 양육할 때는 기대도 크고 경험도 부족하다. 둘째를 낳고 키울 때는 경험이 쌓였기에 통제를 줄이고 자유를 많이 준다. 또한 셋째는 첫째와 둘째 사이에서 보고 배운 것들이 많기 때문에 양육 방식도 자유로워 대부분 셋째들은 성격이 좋고 구겨짐보다 밝고 긍정적인 부분이 많다.

필자는 주변에서 가난과 결핍으로 인해 생긴 도전과 강한 욕구로 인해 성공한 사람도 만났고, 상처를 많이 받아서 건강하게 살지 못한 분들도 만났다. 좋은 성격이든 나쁜 성격이든지 그들의 후천적인 경험과 주변의 대처방식을 들어보면 그럴만한 이유가 있다.

성격이 발달하고 완성되는 시기를 일반적으로 만 24세 전후로 보는데 오늘날 청소년들을 보면 나이보다 환경과 경험이 더 중요해 보인다. 대상 관계이론을 주장하는 사람들은 1-6세까지의 경험이 인생에서 60%를 차지한다고 말한다. 사람마다 개인차가 있고, 이런 주장에 대해서 증명할 방법은 없지만 어릴적 경험이 중요하다는 것은 부인할 수 없다.

자아 발달과 도덕성 발달이 성장기에 따라서 어떤 영향을 주는지에 대한 연구 결과는 많다. 성격의 발달은 자아 발달과 도덕성 발달을 포함하기 때문에 가정에서 부모의 역할과 반응이 매우 중요하다.

태교 때 산모가 보고 들은 것과 기쁨과 두려움 등 모든 것들이 아이의 성격에 영향을 주며, 젖 먹이는 방법과 젖을 떼는 과정, 소변과 대변을 가리는 과정도 성격 형성에 영향을 준다. 유아 사춘기와 학교생활의 숙제와 교사와 부모의 반응들, 청소년기에 친구들과의 모든 경험이 성격 체계를 이루는 자원이 된다.

성장하면서 먹는 문제뿐만 아니라 매슬로우가 제시한 마음의 욕구들에 대해서 잘 반응해 주고 결핍이 생기지 않도록 해야 한다. 결핍과 과잉보호는 집착이나 성장을 막는 역할을 한다. 특히 부모들은 유아 사춘기와 청소년 사춘기 시절에 자녀들의 반항과 욕구에 대해서 대처를 잘해야 한다. 자녀들의 인성 혹은 성격을 학교 교육에 맡기는 것은 성격이 형성되는 방법과 시기를 모르는 사람들이 저지르는 실수다. 자녀의 성격은 태교부터 시작해 어릴 때 부모의 양육 태도와 대처 방법으로부터 가장 큰 영향을 받는다. 자녀들의 성격은 부모의 책임이 가장 크다.

또한 성격 형성과 발달에서 매우 중요한 것은 스스로 성공을 경험해 보는 것이다. 사람은 생존본능 때문에 실패의 두려움이 있지만 작은 일에 성공을 경험하고 칭찬과 격려를 받으면 용기가 생기고 주도성을 갖는다. 성공을 경험한 사람은 성공적인 자세를 갖고 성공을 기대한다. 반면에 실패를 경험하면 새로운 시도를 두려워한다.

어릴 때 눈높이에 맞춰서 역할을 주고 성공하는 경험을 쌓게 하면 큰 사람으로 성장한다. 여럿이 모인 곳에서 줄반장이라도 해보고 대표가 되어 본 사람은 리더십과 자신감에서 차이가 난다. 그런 작은 경험이 있는 사람은 기회가 올 때 붙잡을 용기가 생긴다.

심리학자들은 사람이 새로운 것을 인식하고 받아들일 때는 이미 가지고 있는 인지구조를 변형시키고 맞추어서 해석하는 능력이 생긴다고 하였다. 이것을 '동화'라고 하는데 성공을 경험한 사람은 새로운 일을 맡아도 동화시키는 능력이 있다. 그래서 좋은 성격을 기대한다면 성장기에 자녀들에게 성공을 경험시켜주어야 한다.

프로야구를 시청하면 아나운서나 해설위원들이 종종 이런 말을 한다.

"우승한 팀에는 우승한 DNA가 있어요."

"경험을 무시 못 해요."

"승리를 해 보면 승리하는 방법을 아는 것 같아요"

"실력은 좋으나 멘탈이 문제예요."

"큰 경기 경험의 차이가 승패를 갈랐네요."

"승리를 하면서 자신감이 붙었어요."

"스포츠는 흐름 싸움입니다."

"감독 한 사람이 바뀌었는데 선수들이 달라졌어요."

이런 내용뿐이겠는가? 이런 일이 운동경기에서만 일어나겠는가? 초보 운동선수들은 이런 것이 무엇인지 모를 수 있지만 고참들은 너무나 잘 안다. 스포츠 해설위원들은 자신이 경험한 것으로 해설하고 해설의 경험을 통해서 더 많이 배운다. 아는 만큼 보이고 보이는 것만큼 성장한다. 성경의 내용도 그렇고 신앙, 학문, 운동 등에도 해당되지만 성격에도 해당된다.

어릴 적에는 작은 일이지만 성공을 경험하고 성공 DNA가 생겨야 한다. 건강한 성격의 요인들은 자신감과 연결되어 있다. 성도들은 신앙생활을 하면서 하나님을 경험하면 그와 관련된 DNA가 생기고 자신감이 생긴다. 하나님의 은혜와 사랑, 믿음의 역사를 경험하면 자기 정체성이 변하고 믿음의 자세를 갖는다. 성경에 나타난 야곱의 신앙은 부친과 에서를 속이고 생존을 위해서 도망가던 길에 경험한 벧엘 사건이 그 이후의 신앙에 변화를 준다. 그리고 창세기 32장에 기록된 얍복 나루에서 경험한 브니엘 사건이 성장의 밑거름이 된다. 믿음을 통한 경험은 더 큰 믿음으로 이끈다(롬 1:17). 새로운 경험은 생각과 지식에 변화를 가져오는데 성공이 성공을 부른다.

또한 후천적인 경험 중에서 실패를 경험하는 것도 꼭 필요하다. 흔히 이런 경험과 조언을 듣곤 한다. "실패는 성공의 어머니다! 고난은 유익이다! 젊어서 고생은 사서도 한다! 고생하고 나니까 이제는 견디는 힘이 생겼다!" 등 이런 모든 말은 실패가 주는 긍정적인 요소 때문이다.

고통을 겪으면 재미있던 것들에 대한 흥미가 떨어지고 고통과 함께 머물면서 발전을 도모한다. 또한 나의 실패와 고통은 타인의 실패와 고난을 이해하고 공감하는 능력을 갖게 한다. 자녀들의 성장기 때 과잉보호보다는 자녀들에게 조금씩 고생을 시키는 부모가 지혜로운 사람이다.

성경에도 다윗의 고백을 보면 고난을 통해서 주의 율례를 배우고 법을 배웠다고 한다(시 119:71). 독수리는 새끼를 훈련시킬 때 강한 바람이나 태풍이 불 때 둥지에서 높은 하늘로 데리고 가서 스스로 날갯짓하도록 던져 놓는다. 새끼 독수리는 살기 위해서 피를 쏟도록 날갯짓을 하며 죽을 만큼 고생을 한다. 그런 연단이 지나면 태풍 속에서도 하늘을 날고 하늘을 지배하는 존재가 된다.

고난과 결핍은 그 자체는 고통스럽고 힘든 일이지만 큰 사람으로 성장하는 요인이 된다. 하나님은 고난을 통해서 언약 백성의 믿음을 훈련 시키시고 자라게 하신다(출 19:4, 욥 23:10, 히 12:11, 벧전 1:7, 4:12). 스포츠 경기에서 선수들이 실패하고 낙심되어 있을 때 코치와 감독이 격려하고 긍정 반응을 잘 해주면 더 크게 성장한다. 사람의 성격도 실패와 고난을 통해서 자기중심적 사고와 행동에서 벗어나고 큰 사람으로 발전할 수 있다.

유치원 때까지는 자녀들이 스스로 할 수 있는 일이 적고 생존능력에 의해서 부모들이 자녀들의 요구를 들어줄 수밖에 없다. 이런 경험만 하고 어른이 된 사람은 흔히 '왕자병'이나 '공주병'에 걸린다. 부모를 통해서 왕자처럼 대접을 받고 성장한 사람은 긍정성은 강하지만 실패를 예측하거나 고난을 이겨낼 힘이 약하다. 성장기 때 이 경험이 빠지면 성격에서 자기중심적이며 타인을 이해하거나 배려하는 훈련이 되지 못해서 고통을 당한다.

실패를 통해서 많이 배우는 시기는 초등학생 때부터 사춘기 시기이다. 발달심리에서 보면 훈련되지 않은 상태에서 초등학교에 입학하면 기상훈련, 숙제를 날짜에 맞추어서 제출하는 등 많은 것에서 실수와 실패를 경험한다. 이럴 때 부모가 자녀를 대신해서 깨워주고 숙제를 해주는 일은 발달을 방해한다.

자녀는 실수와 실패에 대해서 적절하게 벌을 받으면 생존본능에 의해서 조심성을 배우며 성장한다. 실패를 경험하면 그 일을 수습하기 위해서 많은 고생을 하게 되고 그 고생은 성장을 위한 약이 된다. 실패하고 실수를 했을 때 스스로 대가를 지불하면 그 기억이 머릿속에 남아 실수를 줄이게 된다.

사춘기는 부모로부터 독립하려고 스스로 의사결정을 하는

반항기이다. 사춘기 때의 실수와 실패는 성장의 밑거름이며 그 경험을 통해서 어른이 된 후에는 실수를 줄이고 지혜를 키우게 된다. 이런 과정이 생략되고 어른이 되면 호기심과 유혹에 넘어가기 쉬우며 어른이 됐을 때 사고를 치면 심각한 문제가 발생한다. 운전을 처음 할 때도 한 번 사고를 당하고 고통과 대가를 지불한 후에는 자연스럽게 조심성이 생긴다. 4차 산업시대에 사람에게 필요한 것은 공감 능력과 소통 능력인데 실패의 경험도 큰 자산이 된다.

그런데 필자가 볼 때 요즘 어린이들과 청소년들은 주로 게임을 하느라 성공과 실패를 통한 성장의 기회를 놓치고 있다. 성장기 때는 인격적인 충돌을 통해서 성공과 실패를 경험할 수 있는 장(field)이 필요하기에 더욱 안타까운 일이다.

필자가 한 번은 탁구장에서 탁구를 치는데 같은 아파트에 사는 중3 여학생이 레슨을 받고 있었다. 레슨이 끝나면 바닥에 떨어진 공을 레슨 받은 사람이 주워 담는데 그 학생은 바닥에 떨어진 공을 큰 바구니에 담고 있었다. 1차로 공을 모은 후에 2차로 레슨 바구니에 담아야 하는데 필자의 눈에는 1차로 모은 바구니가 커서 그대로 2차 바구니에 그냥 부으면 탁구공이 밖으로 떨어질 것이 예상됐다.

필자는 그 학생이 어떻게 공을 붓는가를 지켜보았는데 예상대로 그냥 붓다가 많은 양이 밖으로 튕겨 나갔다. 학생은 다시 공을 주워 담았는데, 필자는 좋은 경험을 하고 있다고 생각했다. 부모들은 자녀들의 돈 관리를 훈련시키는데, 일반적으로 3일, 1주일, 15일, 나중에는 1개월 치 용돈을 주고 관리하게 한다.

이때 중요한 것은 자녀들이 돈 관리에 실패하고 용돈을 더 달라고 할 때 부모가 그 요구를 들어주면 훈련이 안 된다. 돈 관리의 실패를 스스로 책임지고 고통을 겪어야 정신을 차리고 다음부터 규모 있게 사용한다. 이런 훈련이 되지 못하고 어른이 되면 돈 때문에 고생을 하고 큰 갈등을 일으킨다. 그 외에도 시간 관리, 자기 방 관리 등 가르치고 직접 훈련시켜야 할 일들이 많다.

성경에 등장한 믿음의 용사들이나 오늘날 쓰임 받는 믿음의 거장들은 타인이 경험하지 못한 연단과 훈련을 통과했다. 죽음의 고비를 넘기고 하나님의 손길을 경험한 사람과 그렇지 않은 사람은 많이 다르다.

하나님은 실패와 고통을 통해서 사람을 훈련 시키시고 준비된 사람을 쓰신다. 하나님은 우리의 신앙 성장을 위해서 교회와 공동체(구역, 셀)를 주셨고, 성경과 성령을 주셨다. 인격은 인격자를 만날 때 충돌이 일어나지만 다듬어진다(잠 27:17). 성도들은 함께 모여서 교회를 이루며 인격을 배우기도 하고 충돌 후에 다듬어지고 성장한다. 후천적 경험에서 실패와 성공을 경험할 때 주변에서의 성찰 반응(reflection)이 성장을 촉진시킨다.

자기 인생에서 경험과 상처와 쓴 뿌리들을 십자가 앞에 내려놓자. 그리고 생존본능과 두려움, 욕심 앞에서 복음을 붙들고 기도하자. 어떤 모습을 만나도 복음의 능력을 믿고 기도하라.

"너희는 하나님의 은혜에 이르지 못하는 자가 없도록 하고 또 쓴 뿌리가 나서 괴롭게 하여 많은 사람이 이로 말미암아 더럽게 되지 않게 하며"(히브리서 12:15)

(정답과 결론 도출 또는 논쟁하지 말고, 자기 생각을 정직하게
나누고 서로 경청하며 성령님의 음성을 들으세요.)

1) 요셉은 어떤 훈련을 받았나?

2) 모세는 어떤 훈련을 받았나?

3) 나는 어떤 훈련을 받았나?(청소년 때까지)

4) 성격의 변화를 위해서 자기에게 필요한 경험과 훈련은 무엇
   인가?

4
성격과 신의 성품

신의 성품은 일반 성격과 다르다.

기독교에서 '성품'이란 하나님의 속성(generic character)을 말한
다. 교육학이나 심리학에서는 성격과 성품을 구별하지 않고 같
은 개념으로 사용한다.

성품이란 다음 국어사전에 의하면 3가지를 소개한다. [12]

첫 번째는 '성품1 [性品]로 사람의 성질과 됨됨이'로 정의한
다. 이런 관점에서 성품이란 용어를 사용하면 성격과 성품은
같다.

둘째는 성품2 [性稟]로 '사람의 타고난 성질'로 정의를 하는
데, 이런 경우에는 타고난 기질에 초점을 맞추고 있다.

셋째는 성품3 [聖品]으로 '천주교에서 사용하는 칠성사 중에
하나로써, 신부가 될 사람이 주교로부터 받는 성사이다.'

이렇듯 용어가 같을지라도 사용하는 장소와 대상 또는 문맥이나 상황에 따라서 의미가 달라진다. 우리는 종종 백화점이나 기타 행사나 모임에 참여할 때 입구에서 손을 흔들며 환영하며 안내하는 분들의 말을 듣곤 한다. '사랑합니다!' 이 말을 듣는 손님들은 어느 누구도 저 여자가 자기에게 사랑 고백을 했다고 생각하지 않을 것이다. 말이나 용어가 같아도 사용처와 상황에 따라서 다른 의미들을 갖는다. 필자가 생각할 때 성격과 성품의 이해와 개념 정리는 반드시 필요하다.

개신교에서는 일반적으로 사용한 신성한 성품을 줄여서 '신의 성품' 또는 '성품'으로 사용한다. 그런데 개신교에서 사용하는 "성품"이란 천주교에서 사용하는 개념과 다소 차이가 있다. 신약성경에 나타난 성품은 천주교에서 사용한 것처럼 신부될 사람에게만 해당되지 않고 모든 성도들에게 해당된다.

벧후 1장에서 사용된 신의 성품은 신(GOD) 즉 하나님의 특성이나 성질을 말한다. 사람은 동물과 다르게 하나님의 형상으로 창조되었고 신의 속성들로 채워졌다. 첫 사람 아담은 하나님이 직접 그에게 신의 형상을 주셨지만 그 후손들은 출생 때 유전자를 통해서 물려받았다.

"아담은 백삼십 세에 자기의 모양 곧 자기의 형상과 같은 아들을 낳아 이름을 셋이라 하였고"(창 5:3), "남자는 하나님의 형상과 영광"(고전 11:7)이다. 야고보서에서는 "하나님의 형상대로 지음을 받은 사람을"(약 3:9)이라고 한다.

아담이 하나님을 반역하고 심판받음으로 하나님의 형상이 많이 파괴되었지만 여전히 동물과 구별된 형상들이 많다. 인격적 특성뿐만 아니라 동물과 다른 사람의 모습은 하나님의 형상 중 일부에 해당한다.

사람은 이렇게 파괴된 신성한 성품을 자기 생존본능과 결합하여 신성한 성품이 변질된 모습으로 자기 성격을 만든다. 따라서 성경에서 사용한 성품은 하나님께 속한 속성이며 사람의 성격과는 본질적인 차이가 있다.

이 땅에서 살아가는 성도들은 자기 안에 옛사람의 성격과 신성한 성품 이 두 가지를 가지고 살아간다. 갈라디아서에는 육체의 소욕과 성령의 소욕이 거스르고 서로 대적한다고 말씀한다(갈 5:17). 그들은 복음을 듣고 성령으로 시작해서 신성한 성품으로 성장을 하던 일을 멈추고 거짓 교사에게 속아서 육체의 소욕과 옛사람의 성격대로 살았다. 성도들이 옛사람의 성격으로 살면 스스로도 불편하고 성도를 바라보는 세상도 혼란을 겪는다. 옛사람과 새 사람은 소속과 운명이 다르고 인생의 방향과 목표가 다르다.

옛사람의 성격은 모든 자원을 가지고 생존본능을 추구하지만 신의 성품은 하나님의 나라와 영광을 추구한다. 자기 성격으로 성경을 바라보면 하나님의 마음을 알지 못하고 믿음도 자라지 않는다.

성격이 발달하면 이 세상 살기에 다소 유리하지만 결국에는 멸망으로 끝난다(유 1:10). 따라서 성도들은 일반적으로 사용하는 성격과 성경에서 사용하는 성품의 차이를 이해하고 구별해야 한다. 하나님의 성품은 사람처럼 생존본능과 전략, 집착, 욕망 등 이런 것들이 전혀 있을 수 없다. 하나님은 구원받을 때 하나님의 성품으로 성장하도록 생명과 경건에 속한 모든 것을 주셨다(벧후 1:3). 성도들이 힘써 노력해야 할 성품은 하나님의 본질적인 특성에 해당한 것이다.

그런데 필자가 경험했듯이 교회와 성도들도 성격과 성품을 깊게 배우지 않았고 차이점과 중요성도 잘 모른다. 주변에서 말하는 것을 들어보면 성격과 성품을 이해하지 못하고 혼돈하여 사용하고 있는 경우를 자주 본다.

특히 우리의 구원은 신성한 성품으로 성장하도록 부르셨으며 성품을 통해서 열매를 맺고 그리스도를 알게 된다는 말씀도 잘 이해하지 못했다(벧후 1:3-4). 이런 문제는 옛사람과 관련된 성경 말씀도 깊게 이해하지 못하고 신성한 성품으로 흡족하게 변화되는 것도 요원하게 한다. 은혜를 받아도 신성한 성품으로 변화되지 않으면 결국 옛사람의 성격대로 살고 열매를 맺는다.

"이로써 그 보배롭고 지극히 큰 약속을 우리에게 주사 이 약속으로 말미암아 너희로 정욕을 인하여 세상에서 썩어질 것을 피하여 신의 성품에 참예하는 자가 되게 하려 하셨느니라"(베드로후서 1:4)

"이런 것이 너희에게 있어 흡족한즉 너희로 우리 주 예수 그리스도를 알기에 게으르지 않고 열매 없는 자가 되지 않게 하려니와"(베드로후서 1:8)

성격과 성품은 자기 존재와 정체성이 연결되어 있다. 본질에서 차이가 난 성격과 성품을 구별하지 못하면 대화나 삶에서 혼돈스러워진다. 언어는 사상과 의미, 이미지를 가지고 있으며 관계로 연결되기 때문에 언어적 혼돈을 없애야 한다.

성도들은 성격의 특성을 잘 이해할 뿐만 아니라 신의 성품의 특성도 잘 이해해야 한다. 그러면 아는 만큼 보이는 것처럼 자신과 성경이 새롭게 보이고 변화가 시작된다. 필자가 사용하는 성품은 일반적으로 사용하는 성격과 다르며 벧후 1장에 나온 신성한 성품이다.

신의 성품은 하나님의 형상이다.

하나님께서 사람을 자기 형상으로 창조하셨는데, 이 형상은 하나님의 특성이다.

이것을 기독교신학에서는 '하나님의 속성(generic character)'이라고 표현하며 공유적 속성과 비공유적 속성으로 나눈다. 사람들도 가지고 있는 하나님의 속성을 '공유적 속성(또는 보편적 속성)'이라고 하고 하나님만 가지고 계신 속성을 '비공유적 속성(또는 절대적 속성)'이라고 한다.

공유적 속성은 지식, 지혜, 선(goodness), 사랑, 거룩(Holy), 진실성, 주권 등이다. 반면에 비공유적 속성은 사람에게서 전혀 불가능하고 찾아볼 수 없는 것들로서 자존성, 불변성, 무한성, 영원성, 무변성, 단일성 등이다.

에니어그램에서는 9가지 유형의 핵심가치와 재능들을 소개하는데 이런 것은 하나님의 공유적 속성 즉 하나님의 형상과 관련이 있다. 첫 사람 아담은 하나님의 형상으로 창조되었고(창 1:26-27) 아담의 후손은 그 형상을 많이 상실했다. 그러나 하나님은 변함없이 인류를 사랑하셨고 독생자를 보내시고 피 흘려 죽게 하셨다. 이 십자가의 복음을 듣고 믿는 사람은 하나님의 자녀로 신분이 바뀌고 신성한 성품으로 자랄 수 있는 생명과 경건에 속한 은혜를 주셨다.

첫 창조 때 물려받은 형상에서 욕망은 제거하고 예수님 안에서 살아갈 때 신성한 성품이 새롭게 자라난다. 성도들이 변해야 할 신성한 성품은 예수 그리스도 안에서 온전히 나타났다(빌 2:6, 히 1:3).

예수님은 하나님의 아들로서 하나님의 영광과 형상이었다. 그래서 예수님은 자신을 본 자들에게 아버지를 보았다고 말씀하셨다(요 14:9). 그리고 구원받은 성도들은 예수님처럼 신성한 성품을 통해서 하나님의 모습을 세상에 보여준다.

구원받은 성도들이 갖추게 될 신성한 성품은 예수님 안에서 다양하고 풍성하다. 각 개인이 기질로 물려받은 성품이 있으며, 주님 안에서 살 때 성장할 성품이 많다. 그러나 벧후 1장에 소개된 신성한 성품은 믿음이 열매 맺는데 필요한 기본적인 특성들이다.

"이로써 그 보배롭고 지극히 큰 약속을 우리에게 주사 이 약속으로 말미암아 너희가 정욕 때문에 세상에서 썩어질 것을 피하여 신성한 성품에 참여하는 자가 되게 하려 하셨느니라"(베드로후서 1:4)

　여기에서 사용한 '성품'이란 그리스어는 '퓌시스(φύσις)'인데, '자연, 조건, 상태, 종류, 본질, 성질, 성격'으로 번역된다. 이 단어의 명사 어근은 '퓌오'로써 '낳다, 생기다, 산출하다'에서 유래했다. 어근 '퓌'는 '존재'(being), '현존'(presence)을 의미한다.[13] 그리고 '신성한' 이란 그리스어는 '데이아스(θείας)'인데 '하나님의' 뜻의 소유격이다. 그래서 단어를 정리하면 '신성한 성품'이란 하나님의 본질에 해당하는 특성이나 하나님의 성격을 의미한다.

　이미 구원받은 성도들에게 '두렵고 떨림으로 너희 구원을 이루라'(빌 2:12)는 말씀은 신성한 성품으로 성장해 가는 것과 같다. 그렇게 주님을 닮은 모습으로 변해가는 모습을 성경에는 '그리스도의 향기'(고후 2:15), '신성한 성품'(벧후 1:4), '그리스도를 본받는 자'(고전 11:1) 또는 '빛의 자녀들'(마 5:14, 엡 5:8)로 표현한다. 이런 변화된 모습이 믿음과 성령 안에서 구원을 이루는 삶이며 하나님의 모습이다.

자녀가 출생하면 부모나 조상의 유전자를 가지고 성장한다. 체질도 닮고 성격도 많이 닮는다. 자녀들이 변성기를 지나면 목소리도 닮는다.

필자가 초등학교 다닐 무렵에는 집 전화기 한 대로 온 가족이 사용했다. 필자가 중학생이 되었을 때 어느 날 전화벨이 울려 전화를 받았는데 그분은 나에게 말을 높이셨다. 내가 "여보세요?"라고 하자 내 부친께 할 인사를 하고 존칭을 쓰며 자기 용건을 말하기 시작했다. 나는 중간에 말을 끊고는 "저는 아들입니다. 아버님은 지금 외출 중이십니다"라고 말했다. 이런 경험은 그 시대를 거쳐온 사람이라면 누구나 경험했을 일이다.

자녀가 성장하면 부모의 목소리를 닮고 외모나 걸음걸이까지 닮는다. 이처럼 자녀가 부모를 닮은 것이 당연하듯 구원받은 성도들은 하나님의 자녀로 출생했기 때문에 신성한 성품으로 변하는 것이 정상적이다.

영적으로는 어린아이와 청년, 아비의 단계가 있는데(요일 2:14), 어린아이는 거듭났지만 하나님을 닮은 모습이 적다. 그러나 청년이 되면 외모만 부모를 닮는 것이 아니라 말투, 음색, 정서, 재능 등을 통해서도 부모의 모습이 나타난다.

성도의 신앙이 어린아이 수준에 머물러 있으면 옛사람의 성격으로 살고 불신자와 구별되지 않는다.

주님은 제자들에게 이렇게 말씀하셨다. "이같이 너희 빛이 사람 앞에 비치게 하여 그들로 너희 착한 행실을 보고 하늘에 계신 너희 아버지께 영광을 돌리게 하라"(마 5:16).

옛사람의 성격으로 살면 욕망을 좇아서 세상에 썩어질 것을 추구하지만 신성한 성품으로 살면 성령의 소욕을 따라서 하나님의 영광을 추구하고 주의 제자로 살게 된다. 이런 변화된 모습이 믿음과 성령 안에서 구원을 이루는 삶이며 하나님의 모습을 나타낸다. 성도들이 신성한 성품으로 성장하면 보이지 않는 하나님을 세상에 보여주는 것이다.

신의 성품은 점진적으로 성장한다.

사람의 성격도 발달수준이 있듯이 성도들이 은혜로 받은 구원은 같아도 믿음과 성품의 성장은 차이가 있다. 베드로후서 1장 4절을 보면 "너희가 정욕 때문에 세상에서 썩어질 것을 피하여 신성한 성품에 참여하는 자가 되게 하려 하셨느니라"고 되어 있다. 즉 신성한 성품은 정욕 때문에 세상에서 썩어질 것을 피하는 만큼 성장한다.

'정욕'이란 그리스어는 '에피뒤미아(ἐπιθυμία)'인데, 이생의 악에서 야기된 것으로서 충동, 욕망, 갈망으로 번역된다.[14] 이생에서 야기된 악은 무엇인가? 죄와 사망의 권세와 그로 인한 두려움과 슬픔이다. 이런 정욕은 세상에서 썩어질 것을 추구하며 생존에 대처하는데, 신성한 특성과는 반비례한다.

놀이터의 시소처럼 한쪽이 내려가면 다른 한쪽은 반대로 올라간다. 옛사람의 성격이 많으면 신성한 성품이 적게 나타나고, 반대로 옛사람의 욕망을 버리면 신성한 특성이 많이 나타난다. 베드로후서 1장 4절에 '피하여'란 그리스어는 '아포퓨곤테스(ἀποφυγόντες)'인데, 그 뜻은 '~로부터 도망하다. 탈출하다'이다. 이 단어는 능동태이기 때문에 성도가 힘써 노력해야 된다는 의미이다. 이 단어의 시제는 Aorist형이기 때문에 이런 힘쓰는 행동을 강하게 요청하고 어필한다.

성도들은 자아가 추구하는 정욕과 썩어질 것에서 탈출하고 신성한 성품으로 성장하기 위해서 힘써 노력해야 한다. 따라서 옛 자아의 욕망과 마음에서 원하는 것을 알아야 피할 수 있으며, 신성한 성품의 특성을 알아야 힘써 노력할 방향을 잡을 수 있다.

또한 본문 자체는 신성한 성품으로 성장하라는 말씀이 성령의 충만을 받으라(엡 5:18)는 말씀보다 더 강조되어 있다.

성령의 충만은 아무리 강조해도 부족함이 없고 하나님의 간절한 소망이다. 교회와 성도들은 성령 충만의 중요성을 알고 배우고 훈련하며 많은 기도를 드린다. 같은 하나님의 말씀이지만 많은 분들이 성품의 중요성을 설명하는 베드로후서 1장의 내용을 간과하고 있다.

성령의 충만은 절대명령인 것처럼 신성한 성품으로 자라는 말씀도 동일한 명령이다. 5절에 '그러므로 너희가 더욱 힘써'라고 번역된 원문은 '모든 노력과 열정을 쏟아 부으라'라고 강조되어 있다.[15) 성도들이 믿음의 성장과 성품의 성장은 모든 노력과 열정을 쏟아부어야 할 하나님의 명령이다.

베드로후서 1장 8절에서 '흡족한즉'이란 그리스어는 '플레오나조(πλεονάζω)'이다. 이 단어는 '많다, 증가하다, 성장하다'로 번역된다. 신의 성품으로 흡족하게 된다는 것은 구원받은 성도들이 신의 성품으로 얼마나 많이 변했는가 하는 분량의 문제이다.

유전자는 잠재력의 형태로 물려받고 경험과 환경을 통해서 성장하듯이 신성한 성품도 동일하다. 많은 생명의 씨앗도 환경과 성장조건에 따라서 성장 속도와 크기와 열매가 차이 난다. 같은 씨앗도 화분에 심겨진 것과 돌밭에 심겨진 것의 성장과 열매가 다르며, 길가에 심겨진 것과 옥토에 심겨진 것이 또 다르다.

코이 물고기는 어항 속에서 자라면 5-8cm 정도까지 크지만 수족관에서는 15-25cm 정도까지 자라고, 바다나 강물에서는 90-120cm까지 자란다고 알려져 있다.

물고기뿐만 아니라 사람의 신체도 환경에 따라서 성장 속도와 크기가 다르고 인격도 다르게 성장하듯이 신성한 성품도 환경을 통해서 다르게 성장한다. 실제적으로 교회나 성도들의 믿음과 성품의 차이를 보면 이런 노력에서 차이가 난다.

교단과 교회가 추구하고 제공하는 환경에 따라서 믿음과 성품이 다르고, 성도들의 참여와 노력도 다르다. 옛사람의 모습과 욕망에서 탈출하기 위해서 모든 노력을 다해야 하고, 생명과 경건을 통해서 주님을 만나고 경험함으로 신성한 성품이 자라야 한다.

또한 베드로후서 1장 4절에서 "신의 성품으로 참여하는 자가 되게 하려 하셨느니라"에서 '되게'라는 그리스어는 '게네스데(γένησθε)'로써 중간태이다. 중간태는 영어에서 사용하지 않는 문법인데, 주어의 주체들 사이에 동작이 서로 교체되는 것을 나타낸다.[16] 따라서 신의 성품으로 변화되는 일은 하나님과 성도가 주체가 되어 함께 협력하는 사역이다.

하나님은 구원받은 성도들에게 생명과 영적인 조건을 제공해 주시고 신성한 성품으로 자라도록 인도하신다. 그리고 성도들은 성품이 자라도록 모든 노력과 열정을 쏟아야 한다. 인격이 성장할 때 후천적인 경험이 필요하듯이 신성한 성품이 자라도록 각자 좋은 환경을 만들고 선택해야 한다. 하나님의 부르심은 성도들이 신성한 성품에 동참하고 성장하는 것을 포함한다.

"이로써 그 보배롭고 지극히 큰 약속을 우리에게 주사 이 약속으로 말미암아 너희가 정욕 때문에 세상에서 썩어질 것을 피하여 신성한 성품에 참여하는 자가 되게 하려 하셨느니라"(베드로후서 1:4)

"그러므로 형제들아 더욱 힘써 너희 부르심과 택하심을 굳게 하라 너희가 이것을 행한즉 언제든지 실족하지 아니하리라"(베드로후서 1:10)

베드로후서 1장에서는 이 성품이 성도들에게 흡족하지 않으면 열매 없는 자가 되며 영적 소경이라고 말씀한다. 그런데 예수님의 포도나무 비유를 보면 예수님을 떠나서는 열매가 없으며 아무것도 할 수 없다고 하셨다(요 15:4-5).

열매 맺는 방법을 비교해 보면 신성한 성품으로 변화되는 일은 예수님과 함께 거하고 동행하는 삶임을 알 수 있다. 예수님 안에 거하고 동행하는 삶은 '말씀 충만이나 성령 충만 또는 친밀한 교제'로 설명될 수 있다.

옛사람 안에 있던 하나님의 형상도 신성한 성품의 역할을 하지만 욕망이 제거되고 신성한 성품으로 성장하기 위해서는 주님과의 친밀한 경험이 필요하다. 신성한 성품도 신앙에서 말씀과 십자가, 성령의 은혜를 경험하면서 옛사람의 욕망과 썩어질 것을 추구하던 것을 내려놓고 신성한 성품으로 변화되어 간다.

믿음은 행함을 통해서 열매를 맺고 행함이 없으면 죽은 믿음이 된다(약 2:17). 하나님을 사랑하면 이웃 사랑을 통해서 열매를 맺듯이 성도들의 믿음은 신성한 성품으로 열매를 맺는다. 신성한 성품은 예수님께서 이 땅에 하나님의 열매를 맺게 하는 도구였다. 하나님의 성품은 7가지 특성을 통해서 구체화되고 열매를 맺게 한다.

신의 '성품'은 단수이다.

베드로후서 1장에 있는 신의 성품 내용을 보면 7가지 요소들이 믿음 위에 하나씩 첨가되어 하나의 성품이 된다.

신의 성품에서 '성품'을 뜻하는 그리스어 '퓌시스(φύσις)'는 단수 명사다. 즉 성품이란 덕에서부터 시작해서 사랑까지 7가지 모두가 하나의 성품이다.

사람의 인격과 성격을 평가할 때 심리학자들이 가장 대표적으로 인정하는 성격의 특질이론은 'Big Five Model'이다.[17] 사람의 성격은 '신경과민성, 외향성, 우호성, 성실성, 개방성' 5가지 요소를 기준으로 관찰하고 평가한다. 인격은 '지정의' 3가지 요소가 있지만 성격은 다양한 특성으로 나타나며 여러 가지 특징을 평가의 기준으로 삼는다. 신성한 성품을 평가할 때도 7가지 요소를 종합하여 하나의 성품으로 평가한다.

'믿음 위에 덕'이라는 말씀에서 '~에'에 해당하는 그리스어는

'엔(ἐν)'이다. 영어로는 'in, on'에 해당하는 전치사로써 그 뜻은 '~안에, ~ 위에'이다. 즉 이것은 열매 맺기 위해서는 믿음과 신의 성품은 떨어질 수 없음을 의미한다. 마태복음과 야보고서에서도 믿음과 행함이 분리될 수 없음을 말씀한다. 믿음 안에 덕을 첨가하여 하나로 만들거나, 믿음 위에 덕을 붙여서 하나로 만들어야 열매를 맺는다. 그리고 덕은 다음에 나오는 지식을 동일한 방식으로 필요로 하며, 덕 안에 지식을 첨가하거나 더해야 한다. 신성한 성품 7가지는 이와같이 전치사 '엔(ἐν)'을 사용하며 하나로 연결하고 묶고 있다.

컴퓨터에서 탐색기를 보면 여러 폴더가 있는데 여러 가지 항목들은 큰 항목에 포함된다. 사람이 건축할 때 돌을 한 개씩 쌓아 올려서 하나의 건물로 완성하듯이 신성한 성품은 여러 가지를 쌓아 올려서 하나의 성품이 된다.

김장철에 김치를 만드는 과정을 보면 배추는 소금에 절이고 (soak), 갖가지 양념을 더하여 속을 만든다. 이때 김치 속을 만들기 위해 준비한 여러 가지 양념들은 서로 버무려져 하나의 양념이 된다. 이렇게 준비된 양념을 절임 배추 안에 넣으면 그제야 김치가 완성된다.

성격이나 성품도 필요에 따라서 몇 개의 구성요소들로 분류하지만 그 모두가 하나의 성격과 성품이다. 한글 성경 베드로후서 1장 7절에 '더하라'란 단어는 원문에는 5절에 있는데, 그리스어로 '에피코레케사테(ἐπιχορηγήσατε)'이며, 그 뜻은 '제공하다, 공급하다, 보급하다'이다. 그리고 이 단어는 'Aorist, 중간태, 명령형'이다. 이 단어는 본문을 비롯해서 농부에게 할 일을 준 후에 양식을 추가로 공급할 때 사용되고(고후 9:10), 몸이 머리로부터 공급받는 것(골 2:19), 구원받은 자녀들에게 성령을 주시는 것(갈 3:5)에 사용되었다.[18]

사실 예수님을 통해서 보여주신 신성한 성품은 7가지 요소보다 더 많다. 모든 사람은 조상을 통해서 물려받는 하나님의 형상으로서 독특한 성품이 있으며, 예수님의 삶을 통해서 보여주신 성품들도 많이 있다. 그런데 사람의 인격 요소인 '지정의' 중에서 발달한 요소는 자신의 장점이 되고, 발달하지 못하면 단점이 되는 것처럼, 성도들도 7가지 요소 중에서 발달한 부분과 그렇지 못한 부분이 있다. 7가지 중에서 어떤 한 개가 발달하지 못하면 그것 때문에 나쁜 열매를 맺고 성품의 성장이 정체된다.

에니어그램에서는 유형에 따라서 지정의 성격 요소에서 선호된 중심요소와 억압된 요소들을 제시해 주는데[19] 필자가 관찰한 바에 의하면 신성한 성품도 덕에서부터 사랑까지 발달상태가 다르고 발달 여부에 따라서 장단점으로 나타난다.
사람의 성격이 성장 과정에서 균형을 잃을 수 있듯이 성품도 자기 경험과 훈련에 따라서 균형을 잃을 수 있다. 예컨대 성도들이 속한 교단이나 교파의 가르침, 영적 체험과 은사들, 그리고 교회에서의 상처들 때문에 어떤 요소는 발달하고 또한 억압되고 고착된다. 오늘날 한국교회는 교파와 교단의 특성이 조금 무너졌지만 여전히 교단의 벽이 있으며 장단점이 있다.

성도들은 교단과 담임목사의 성향에 따라서 허용받거나 아니면 통제와 비판을 받기도 한다. 또한 이단의 사상과 가르침도 성도들의 성품에 영향을 준다. 어쨌든 하나님과 세상은 성도들의 열매로 평가하며 신성한 성품은 믿음이 열매 맺는 도구이다. 그리고 신성한 성품이 발달하지 않은 부분은 그 영역을 자기 성격으로 대체한다.

주님을 통해서 나타난 신성한 성품들을 성경에서 찾아보라. 벧후 1장에 나타난 신성한 성품의 요소들이 자기 삶을 통해서 얼마나 머물러 있는지를 스스로 점검해 보라. 그리고 성령 안에서 주님께 연합되고 신성한 성품이 공급되도록 날마다 깨어 기도하라.

"내 안에 거하라 나도 너희 안에 거하리라 가지가 포도나무에 붙어 있지 아니하면 스스로 열매를 맺을 수 없음 같이 너희도 내 안에 있지 아니하면 그러하리라"(요한복음 15:4)

4

(정답과 결론 도출 또는 논쟁하지 말고, 자기 생각을 정직하게 나누고 서로 경청하며 성령님의 음성을 들으세요.)

1) 성격과 신의 성품은 어떤 차이가 있는가?

2) 신의 성품으로써 다음 요소들은 무엇이라고 생각하는가?
   (1) 덕 :

   (2) 지식 :

   (3) 절제 :

   (4) 인내 :

   (5) 경건 :

   (6) 형제 우애 :

   (7) 사랑 :

3) 신의 성품 7가지 요소들 중 자기에게 가장 필요한 것은 무엇인가?
   그리고 그 이유는 무엇인가?

2부

에니어그램에서 나는 어떤 유형일까?

1
에니어그램이란?

에니어그램은 아홉 개의 점으로 이루어진 그림이다.

에니어그램은 그리스어에서 '아홉'이란 뜻의 '에니어(ENNEA)'
와 '그림'이란 뜻의 '그람모스(GRAMMOS)'가 합성된 단어이다.
에니어그램은 '아홉 개의 점으로 이루어진 그림'이란 뜻이다.
즉 에니어그램은 아홉 개의 점들을 연결하고 화살표와 번호의
위치, 기타 그림을 통해서 많은 것을 제시한다.

한 개의 원 안에 '1, 4, 2, 8, 5, 7, 1'의 6개의 점들을 연결하여
'헥사드'라고 부르고, '9, 6, 3'의 지점을 연결하여 '삼각형'이라
고 부른다. 원과 헥사드, 삼각형 이 세 가지는 신성한 법칙을 나
타낸다고[20] 하였다. 에니어그램을 이해하기 위해서는 먼저 9
가지 유형의 특징들을 이해해야 하고, 그림의 상징들과 조합을
이해해야 한다.

〈에니어그램에서 상징적인 그림들〉

에니어그램에서 원은 우주의 본질을 의미하며 9개의 점들은 한 원의 일부이다. 철학에서 큰 원은 순수의식(제1원인)에 해당하고 기독교에서는 하나님에 해당한다. 각 종교는 세상의 근원자로서 자기 신을 두고 믿으며 그 신과의 연결지점을 가지고 있다.

기독교인으로서 필자 입장에서 각 사람은 서로 다르지만 하나님에 의해서 창조된 피조물로 이해한다. 성경은 "하나님이 태초에 천지를 창조하셨느니라(창 1:1)"고 선포하며 시작한다. 첫 창조된 아담은 완벽한 인간의 형태로 창조되었고 타락과 심판의 문제가 생기지 않았다면 9개 본질의 특성을 완벽하게 나타낼 수 있었다.

첫 사람 아담의 타락과 심판이 없었다면 그 후손들은 둥근 원의 모습을 가지고 하나님을 나타낼 수 있었다. 하지만 심판을 받고 하나님과 분리된 사람은 신의 형상을 거의 소실하고 생존본능을 기반으로 자기 성격을 형성하게 되었다. 필자가 볼 때 이것이 에니어그램에서 말하는 불균형의 뿌리이며, 에고에 붙들리는 방식이다". [21]

또한 7개의 번호가 붙어 있는 헥사드는 인간이 변화되는 자연의 법칙을 보여주고, 3개의 삼각형은 머리, 가슴, 장의 세 가지 힘을 가지고 안정과 균형 속에서 살아감을 보여준다. 각 사람은 9개 본질적인 특성 중에서 하나의 특성을 주로 반영하고 살지만 헥사드와 삼각형의 모습도 가지고 있다.

에니어그램의 그림은 사람이 전체성 원 안에서 세 가지 힘의 중심(삼각형)을 가지고 어떤 규칙으로 계속해서 변하고 진화하는지(헥사드)를 보여 준다.[22] 한 사람 안에 9개의 특성이 있지만 성격은 번호에 해당하는 본질을 기반으로 주된 특성을 보이고, 나머지 번호의 특성들은 일그러지고 깨어진 모습을 보인다.

에니어그램 기원[23]은 역사 속에서 소실되어서 아는 사람이 없지만 수천 년 전에 고대 근동 지방에서 시작된 것으로 추측되고 초기에는 구두로 전래되었다는 데는 일치하고 있다.

오늘날의 에니어그램 도형은 1920년대 러시아 이바노비치 구르지예프(George Ivanovich Gurdjieff)가 연구한 것들이 기초가 되었다. 그 후 1970년대에 오스카 이카조(Oscar Ichazo)와 클라우디아 나란호[24](Claudio Naranzo)가 현대 심리학을 가미하였다.

정신과 의사인 이카조는 철학, 과학, 종교 등의 자료들을 배열하여 현재 사용하는 도형의 기본을 완성했다. 나란호는 에니어그램 성격유형을 그룹으로 토론하고 연구하는 방식으로 미국 전역에 보급시켰다. 그리고 1990년대 이후 돈 리차드 리소

(Don Richard Riso)가 각 유형의 발달수준을 밝혀내어 에니어그램 성격유형 내용을 심화시켰고, 그 밖에도 헬렌 팔머(Helen Palmer)는 에니어그램을 노사관계, 인사관리에 접목시켰다.[25] 현재의 에니어그램 도형은 9개의 점들을 가지고 성격을 분류하고 화살표와 삼각형의 상호관계성을 연구하고, 본능과 종교, 학자들의 연구자료들이 에니어그램에 통합 발전하고 있다.

에니어그램은 모든 학문을 통합한다.

현대의 에니어그램은 유대교(카발라)를 비롯한 고대의 종교들의 영적인 지혜와 현대의 종교들 그리고 현대 심리학에서 연구한 마음과 성격 이론을 통합한다. 심리학에서는 신의 존재를 거부하고 사람의 마음에 작동하고 있는 체계들을 연구하기 때문에 근본 출발과 결론이 기독교와 다르다. 기독교에서는 창조자 신의 존재로부터 출발하기 때문에 이들의 이론과 체계들은 그대로 받아들일 수 없다. 그러나 심리학을 비롯해서 많은 학문들이 하나님께서 창조하신 세계를 연구한 것들이기 때문에 사람과 세상을 이해하는데 많은 정보를 준다.

에니어그램은 특정 종교를 채택하지 않지만 창조자와 영적 존재로서 사람을 이해한다. 에니어그램은 신의 본질로써 사람의 특성과 후천적인 경험을 통한 성격 형성과 특성을 연구한다. 이런 사람의 특성을 알게 되면 교육계, 방송작가, 상담과 코칭, 인성교육, 적성과 직업, 종교 등 여러 부분에서 응용된다.

성도들은 성경을 진리로 믿기 때문에 에니어그램의 내용을 분별하며 사용해야 한다. 에니어그램의 내용은 성경과 일치하는 내용도 많고 자기 성격 정보도 많이 제공하지만 그렇지 않은 부분도 많다. 성도들도 성격을 가지고 살아가기 때문에 옛사람의 모습과 마음을 알고자 할 때는 에니어그램이 큰 도움을 준다. 성경 내용에도 옛사람의 모습과 특성들, 심리체계, 욕구들이 있다.

에니어그램을 통해서 이런 내용을 알게 되면 성경의 내용을 더 깊이 알고 구체적인 도움을 받는다. 하나님은 성경을 기록할 때 하나님의 사랑과 구원을 계시한다. 하나님의 형상으로서의 인간 그리고 타락한 인간의 모습과 특성도 포함되는데 이런 부분에서 일반 학문의 자료들도 도움이 된다.

성경을 기록한 사람들은 성령의 감동으로 하나님의 뜻을 기록하지만 그들의 언어와 경험, 기질과 재능, 문화적 배경까지 사용하셨다. 따라서 성경을 이해할 때 반드시 성령의 조명과 지혜가 필요하며, 인간의 언어와 글의 특성, 구조, 시대와 문화적 배경 지식도 필요하다.

중세시대에 문예 부흥을 통해서 학문과 활자, 인쇄술이 발달하여 진리가 훼손되기도 하였지만 동시에 진리가 더 밝혀졌다. 새로운 학문 연구 방법들은 성경의 내용을 분석하고 해석하여 이전에 알지 못한 진리를 이해하게 되었다. 무조건 믿어야 하는 상황에서 믿어야 할 이유를 알게 되었고 신앙의 체계가 학문으로 정리되었다. 이런 결과로 잘못된 성경해석들을 바로 잡을 수 있었고 진리가 아닌 전통들을 버릴 수 있었다.

오늘날 인쇄된 성경이 없거나 성경 연구가 없다고 가정해 본다면 얼마나 어둡고 암울하겠는가? 글을 읽지 못한 사람이 성경의 내용과 하나님의 마음을 어떻게 이해하겠는가? 성경은 하나님의 뜻을 언약의 형태로 계시하기 때문에 사람의 마음과 심리체계, 성격과 욕구들이 체계적으로 설명되지 않는다. 그러나 성경에 등장한 사람들의 행동이나 모습에는 성격의 특성이 곳곳에서 나타난다.

현대에 발전한 의학, 뇌, 신체, 자연의 법칙, 과학, 학문기법, 언어, 역사, 심리 연구들은 성경을 이해하는 자료가 된다. 성도들은 에니어그램을 하나의 학문으로 이해하고, 진리의 말씀과 자신을 이해하는 데 도움이 되기를 바란다. 성경과 반대되거나 유익하지 않은 것은 버리고, 유익한 것을 취하는 지혜는 성도들 각자의 몫이다.

에니어그램은 자기(Self)를 이해하도록 돕는다.

에니어그램에서 주장하는 중요한 점은 인간은 육체를 입고 물질세계에 태어난 영적인 존재라는 것이다. 사람의 본질은 영인데 성격이 진정한 자아를 덮고 자기 본질을 만나지 못하게 방해한다. 대부분의 사람은 성격과 생존본능에 갇혀서 자기 정체성을 모르고 세상 풍조를 따르고 산다(엡 2:2). 그런데 에니어그램에서 성격의 유형을 파악하고 성격을 공부한 이유는 성격을 만나서 그 틀에서 벗어나고 자기 본질(Self)을 만나게 하고자 함이다.

에니어그램에서 자기 유형을 찾으면 거기에서부터 자기 가면과 성격의 메커니즘을 소개한다. 또한 성격의 날개와 화살표를 통해서 성격의 장단점과 역동성, 발달수준까지 알기를 원한다. 더 나아가서 자신도 의식하지 못하고 살아가는 깊은 수심에 위치한 과거 상처와 기대들, 근원적인 문제들 그리고 본능과 욕구까지 알기를 원한다. 무의식과 습관, 상처와 왜곡된 신념이나 기대, 당위적 사고들이 무의식에 숨어 있으면 자신을 만나기 어렵고 고치기는 더 어렵다. 그러면 자기 본질대로 살지 못하고 가면을 만들고 사람의 시선과 평가, 세상 풍조에 흔들리며 산다.

구원받은 성도들은 구원을 이루고 성장하기 위해서는 당연히 옛 자아의 모습과 특성을 알아야 한다. 성령은 마음과 육체를 통해서 나타나기 때문에 자기 마음에 진지를 만들고 있는 것들을 알아야 고칠 수 있다. 현재 자기 영적인 모습과 믿음의 상태를 살피는 것은 하나님의 명령이다.

> "너희는 믿음 안에 있는가 너희 자신을 시험하고 너희 자신을 확증하
> 라 예수 그리스도께서 너희 안에 계신 줄을 너희가 스스로 알지 못하
> 느냐 그렇지 않으면 너희는 버림받은 자 니라"(고린도후서 13:5)

신약 백성들은 성령 안에서 영이 깨어서 자기 마음을 점검해
야 한다. 성도들이 구원 이후에 자기 마음과 생각과 욕구를 볼
수 있어야 구원을 이루며 산다. 에니어그램은 이런 부분에서
자신을 볼 수 있도록 많은 도움을 준다.

성격의 메커니즘 외에도 유형별 지배감정이나 회피나 방어
기제, 유형별 두려움과 격정 등 흥미로운 통찰들이 많다. 에니
어그램을 공부할 때 성령은 내 모습을 밝혀주시고 복음을 더
확실히 알게 하셨다. 필자는 에니어그램을 통해서 배운 이런
내용을 배울 때 성령님의 손길을 경험했고 영적 CT나 MRA 기
계를 만난 기분이었다. 또한 필자는 성격의 핵심가치를 배울
때도 큰 충격을 받았다. 이전부터 필자도 나의 장점을 알고 장
점으로 승부를 걸고 싶었지만 그렇지 못했기 때문이다.

에니어그램은 타인을 이해하도록 돕는다.

사람은 인간으로서 비슷해 보여도 내적인 운영체계가 달라

서 오해하고 갈등하고 깨어진다. 사람은 어릴 적 가정에서 대상 관계를 통해서 이미지를 만들고 생존본능에 의해서 자기중심적인 사고와 첫 판단의 근거로 사용한다. 타인에 대해서 호불호(likes or dislikes)를 판단할 때도 대상 관계에서 만들어진 표상을 기준으로 이해하고 살아간다. 이런 자기중심적인 생각과 판단의 기준은 타인을 오해하거나 갈등의 단추를 제공한다.

사회적 관계 안에서 살아가는 사람은 타인의 성격을 이해할 때 좋은 관계를 유지한다. 가정과 사회와 교회에서 소통을 잘하는 사람은 타인의 성격을 잘 이해한 사람이다. 마음의 동기는 모두 이해할 수 없어도 성격 자체를 이해하면 타인을 많이 이해하고 소통할 수 있다. 유형의 핵심가치와 집착을 알면 이해와 배려가 커지고 덕을 세우는데 탁월해진다.

필자에게는 청소년 때부터 교제한 오랜 친구들이 있다.

그 친구들은 서로 성격이 다르지만 만나면 싸울 일이 거의 없다. 사춘기 때부터 함께 뒹굴고 지내면서 서로 성격을 잘 알기 때문이다. 그때는 성격 이론을 공부하지 않았지만 항상 붙어 지내고 티격태격하면서 경험으로 서로의 성격을 알았다.

자기와 다른 타인의 행동방식과 성격을 안다는 것은 인격적 관계에서 매우 중요하다. 타인의 성격을 알면 이전보다 좋은 관계를 유지하게 되고 그의 마음을 더 이해하게 된다. 필자는 에니어그램을 배운 것으로 타인의 모습과 행동을 관찰하고 유형을 추론해 보면 매우 흥미롭고 놀랍다.

목회자나 성도들의 성격이 파악되면 그의 마음의 동기와 특성을 예측할 수 있다. 무의식에서 나온 행동과 동기 때문에 자신도 모른 것이 성격을 공부한 사람의 눈에는 보인다. 유형을 알면 믿음의 행동과 성격의 행동, 그리고 동기와 욕구를 구별하여 볼 수 있다. 거기에 영적 감각과 성령의 인도를 받으면 약간 도사가 된다.

　TV 프로그램 중에 '우리 아이가 달라졌어요'가 있는데, 부모는 자녀를 대하는 자기 행동의 문제를 모르지만 전문가가 관찰하면 아이의 비뚤어진 행동의 원인을 찾아내고 해결해 준다. 성격을 알게 되면 타인의 장단점을 알고 충돌상황을 예측하고 피해갈 수 있다. 에니어그램을 통해서 성격을 공부한 사람들은 가족들과 주변 사람들을 이해하는 수준이 높다.

　또한 성격 유형을 알면 장단점을 알기 때문에 회사나 공동체에서 그가 잘하는 일을 맡기고 못 하는 일은 예측할 수 있다. 일의 특성에 따라서 성격과 적성에 맞는 사람을 배치할 수 있고 필요한 동역자를 붙일 수 있다. 성격을 알면 촉발요인과 상대의 욕구 그리고 갈등과 화해의 길이 보인다.

　에니어그램 검사지를 통해서 부부를 검사하면 서로가 어떻게 충돌하고 어떤 문제를 일으키는지 예측이 가능하다. 각자 자기가 더 많이 참고 억울하다고 생각하지만 성격을 검사하면 실제로 누가 더 억울하고 참고 지내는지를 알 수 있다.

　에니어그램을 통해서 부부 상담을 하면 내담자가 자기 욕구와 아픔, 갈등상황 등을 말하지 않아도 상담자가 예측하여 말할 때 바로 공감하고 마음을 연다. 그리고 서로의 장단점과 돕는 역할과 욕구, 두려움, 촉발요인을 설명해 주면 매우 빠르게 서로를 이해하게 된다.

사람은 자기 중심성 때문에 자기 아픔이 가장 크고, 자기가 당한 억울함이 가장 크게 느껴진다. 그러나 에니어그램을 통해서 분석하면 객관적으로 서로를 알고 자기 행동에서 상대의 마음을 힘들게 하는 것도 알게 된다.

많은 목회자나 성도들의 가정에서 싸우는 이유는 믿음 때문이 아니라 자기 성격 때문이다. 교회에서의 분쟁과 갈등도 믿음 때문이 아니라 각자의 성격 때문이다. 그런데 대부분의 성도들이 그런 자기 욕구와 갈등 요인을 모르고 이런 행동을 반복한다.

아내는 외출할 때면 내 성격을 알고 빠뜨린 것은 없는지 잘 묻는다. 나는 나태한 마음으로 느긋하게 있다가 급하게 서두르면 뭔가를 빠뜨리게 된다. 아내는 나의 성격을 이해하고 나를 대하는 태도가 많이 달라졌다.

필자도 성격을 이해하지 못했을 때는 6번 유형인 아내의 두려운 마음과 행동을 이해할 수 없었다. 왜 그렇게 불안해하는지? 왜 그렇게 무서워하고 놀라는지? 왜 그렇게 잔소리를 하는지? 왜 그렇게 열심히 청소를 하는지? 도무지 이해가 되지 않았다. 아내는 길을 지나가다가 쥐새끼를 만나면 호랑이를 만난 것처럼 소리를 지르며 흠칫 놀란다. 나는 이해가 되지 않아서 이렇게 말했다.

"그 까짓것 가지고 그렇게 많이 놀라냐?"
"내가 당신 소리에 더 놀랐잖아!"
"생각해봐, 쥐새끼가 당신을 잡아먹겠냐?"

내 입에서 나온 소리가 사실이지만 아내의 마음과 성격을 모른 처사였다. 어느 날 아내는 나에게 이렇게 말을 했다.

"그게 내 마음대로 안 된다고!"
"당신과 말하기 싫어!"
"얼마나 놀랐냐? 고 말해 주면 안 돼?"

상황에 대처를 잘못해서 아내와의 관계는 급속 냉동으로 바뀌고 펭귄 5,000마리 정도가 지나갔다. '내 마음대로 안 된다'고 하는 말이 마음에 와닿았고, '얼마나 놀랐냐고 말해 주면 안 돼'라는 말이 내 마음을 울렸다. '그렇게 할 수 있는데 왜 못했지?'라는 생각도 들고 아내의 마음을 너무 모른 나의 부족함이 많이 느껴졌다.

성격을 공부하면서 내가 무슨 짓을 했는지를 더 많이 알았고 너무 많이 미안했다. '아내는 그게 힘들고 잘 안 되는구나!', '성격이란 것이 자기 맘대로 되는 것이 아니구나!', '내 대처방식은 상대를 이해하지 못한 행동이었구나!' 이런 깨달음이 생겼다.

성격을 이해한 후에는 이전과 같은 상황이 생기면 내가 먼저 말을 건넨다.

"많이 놀랐지? 괜찮아?"
"내가 쥐를 쫓아줄까?"
"저것들 다 죽여버려야 하는데"

그리고 장난스럽게 액션을 취하면 아내는 배시시 웃는다. 전에는 같은 상황에서 마음이 상하고 관계가 깨졌지만 성격을 이해한 후에는 우리의 행복을 지켜주었다. 지금도 필자가 복잡하고 변화무쌍한 여자의 마음을 모두 알기에는 역부족이지만 그래도 성격을 이해한 후에는 조금씩 좋아지고 있다. 최근에 에니어그램 컨퍼런스에 참석하여 유형에 따른 갈등변형을 알았고 아내의 성격이 '감정적 진실형'이라는 사실을 알게 되었다. 그날 집에 도착해서 내가 이렇게 말했다.

"당신은 감정을 말하는 유형이더라."
이 말 후에 아내는 이렇게 말했다.
"그것을 이제 알았어? 내가 항상 말했었잖아!"

아내는 계속 말해 왔는데, 왜 내 귀에는 안 들렸을까? 타인의 성격을 모르면 타인의 말과 행동의 의미를 모르기 쉽다. 내가 아내의 성격을 이해한 후에는 싸울 일이 거의 없어졌고 서로 이해하고 공감하며 살고 있다. 싸움은 성격 탓이며 자기를 알아달라는 소통방식이다. 분노는 욕구좌절로 오는 감정이며 이로 인하여 공격을 한다.

필자는 주변에서 부부가 싸우는 모습을 보면 성격과 생존본능을 볼 수 있다. 심지어 어린아이들이 울고 고집을 부리는 모습에서도 기질과 생존본능을 볼 수 있다. 사람은 서로의 성격과 욕구들을 알게 되면 싸움은 줄고 좋은 관계를 유지할 수 있다. 성도들은 성경에서 말씀하신 사람의 정체성과 본질을 알 뿐만 아니라 각 사람의 차이점도 알아야 한다.

에니어그램은 각 성격마다 여러 가지 내적인 특성을 제시한다. 한눈에 볼 수 있도록 몇 가지를 정리하면 다음과 같다.[26] (참고서적에서 자아상을 핵심가치로 변경함)

유형	핵심가치	집착	유혹,함정	회피	방어기제	근원적인 문제
1	완벽함	완벽, 올바름	비판	분노	반동형성	분노
2	섬김	돌봄	아첨	내 욕구	억압	교만
3	성공	성공, 성취	효율성	실패	허영	기만
4	특별함	고유함	우울	평범함	인위적 승화	선망, 시기심
5	지식	앎, 관찰	탐욕	공허감	거리두기	인색함, 고립
6	안전	안전	의심, 걱정	일탈	투사	공포, 두려움
7	재미	계획, 재미	이상주의	고통	합리화	탐닉, 무절제
8	강함	힘	복수, 정의	약함	부정	거만
9	평화	안정, 평화	자기비하	갈등	혼수상태	나태함, 게으름

이런 자세한 내용이 더 궁금한 사람은 에니어그램을 배우거나 '에니어그램 지혜' 책 읽기를 권한다.

성도들도 자신의 성격에서 핵심가치와 집착, 함정, 방어기제 등 옛사람의 특성을 발견해야 한다. 내 삶을 지배하는 육체의 욕망을 극복하기 위해서 성령님을 의지해야 한다. 그리고 자신을 이해한 후에 타인을 이해하고 믿음이 열매 맺도록 덕을 쌓아가자.

"전에는 우리도 다 그 가운데서 우리 육체의 욕심을 따라 지내며 육체와 마음의 원하는 것을 하여 다른 이들과 같이 본질상 진노의 자녀이었더니"(에베소서 2:3)

(정답과 결론 도출 또는 논쟁하지 말고, 자기 생각을 정직하게 나누고 서로 경청하며 성령님의 음성을 들으세요.)

1) 에니어그램에서 자신은 어떤 유형이라고 생각하는가?
  그리고 그 이유는 무엇인가?

2) 에니어그램에서 가족들은 어떤 유형으로 추론되는가?

3) 하나님께서 다양한 재능을 나눠 주시고 다르게 출생하게 하신
  이유는 무엇일까?

4) 공동체에서 가장 이해되지 않는 성격을 가진 사람은 누구
  인가?
  그리고 그와 어떻게 지내면 좋겠는가?

2
성격의 변형들(역동성)

성격은 에니어그램에서 날개로 변형된다.

성격은 천성적으로 물려받는 독특한 기질을 중심으로 체계를 이룬 후에도 상황에 따라서 변한다. 타인의 장점을 보면서 배우기도 하고 모방도 하고 닮기도 한다. 때로는 고난과 역경을 만나면 생존본능에 의해서 자기 성격과 다른 대처 방식도 경험하게 된다.

에니어그램에서는 자기 번호 좌우에 있는 번호를 '유형의 날개'라고 부르며, 상황에 따라서 날개를 사용하는 모습을 '성격의 변형'이라고 한다. 에니어그램은 각각의 성격유형뿐만 아니라 각 사람이 어떤 형태로 변형되는지를 제시하는 뛰어난 성격유형론이다.[27]

에니어그램에 의하면 사람은 자기 성격 번호에서 좌우 번호에 해당하는 유형의 성격을 자기 것으로 빠르게 배우며 사용한다. 그래서 자기 유형 번호를 알게 되면 날개 번호도 알기 때문에 자기 성격이 상황에 따라서 어떤 특성을 보이는지도 알기 쉽다. 모든 사람은 날개의 장점을 자기 재능에 통합하려고 하며 자기 번호에만 머물러 사는 사람은 없다.

에니어그램이나 도형 상담지를 통해서 유형을 직접 분석해 보면 천성에 해당하는 기질은 발달하지 않고 날개가 자기 성격에 크게 영향을 주는 사람이 있다. 그런 사람은 자기 장점은 묻어두고 환경에 의해서 훈련과 노력을 가지고 살아간다. 그들의 직업도 핵심가치나 재능보다는 후천적 경험을 통해서 생겨난 재능에 맞춰져 있는 경우가 많다.

그러면 직장에서 자기만족도 적고 역량도 부족하여 힘들어한다. 어른이 된 후에도 기질이 발달해 있지 않으면 실수가 많고 역량도 작다. 기질 때문에 자신이 하고 싶은 일을 하지 못해서 마음이 불편하고 재능이 작아서 고달픈 삶을 살아간다.

필자는 TV 오디션 프로그램을 볼 때 심사위원들이 이렇게 말하는 것을 흥미롭게 들었다.

"타고난 감각입니다. 이런 사람이 인재입니다."

"이런 감각은 배워서 되는 것이 아닙니다."

"우리 회사에 입사시키고 싶습니다."

"부모의 재능을 물려받은 것 같습니다."

어떤 사람은 타고난 재능은 아니지만 노력해서 실력을 발휘한다. 사람이 후천적인 경험과 노력으로 많은 일을 할 수 있지만 에너지와 발전 가능성에서 한계가 있다. 조상들로부터 물려받은 재능은 하나님께 속한 것이기 때문에 발전 가능성은 무한대에 가깝다. 에니어그램에서 자기 유형은 이런 근원적인 재능이며 타고난 것이다. 자녀들의 타고난 재능을 알게 되면 그 재능이 먼저 발달하도록 환경을 만들어 주고 단점을 줄이도록 도움을 줄 수 있다. 일반적으로 성공하기 위해서는 "자기 재능으로 승부를 걸라"고 하는데 그 재능을 아는 방법이 중요하다.

필자가 생각할 때 이런 일에 매우 뛰어난 프로그램이 에니어그램 성격 이론이다. 특히 에니어그램은 타고난 재능과 핵심가치와 집착을 보여주고 더 성장할 수 있는 그림을 제시해 준다. 필자는 청소년들을 만나면 성격을 분석하고 그 친구가 잘하는 것을 알려주며 "꿈을 이루기 위해서 장점으로 승부하라"고 말해 주곤 한다. 이런 경우에 대부분의 청소년들은 고마워하고 용기를 얻는다.

이 세상에는 수많은 직업이 있는데 자기 기질에 맞는 일을 할 때 주도적이며 경험을 통해 큰 사람이 된다. 대부분의 사람은 성장 과정을 통해서 자연스럽게 좌우 날개의 장점을 배운다. 필자의 간절한 소망은 타고난 재능을 미개발로 묻어두고 후천적인 경험을 기반으로 살지 않기를 바라는 것이다. 좌우 날개는 자기 단점을 보완하는데 필요한 인격 요소다. 에니어그램은 각 유형에서 날개와 함께 화살표가 있다.

성격은 에니어그램에서 화살표로 변형된다.

사람은 태어나서 본능대로 살다가 성장하면서 화살표 방향과 역방향의 행동 특성을 보이기 시작한다. 에니어그램 그림에는 각 유형마다 화살표가 있다.

예를 들면 9번 유형에서 바라보면 화살표가 3번 유형에서 나오고 6번 유형으로 향하여 간다. 나머지 번호들은 1, 4, 2, 8, 5, 7, 1 방향으로 가고 번호의 역순에서 자기에게로 온다. 에니어그램에서는 화살표가 가는 방향을 '스트레스 방향'이라고 부르고, 화살표가 오는 방향은 '성장 방향' 또는 '통합 방향'이라고 부른다.

일반적으로 스트레스나 갈등상황이 생기면 스트레스 번호와 같은 성격특성을 보이는데 주로 단점 행동을 보인다. 성장(통합) 방향은 자신이 평화롭거나 안정된 상태에서 배우고 싶거나 닮고 싶은 성격이다. 성장(통합) 화살표는 각 유형이 발달하고 성장할 방향이며 장점이 나타난다. 9번 유형에서 바라보면 스트레스 방향은 6번이 되고, 성장(통합) 방향은 3번이 되고, 1번은 4번 유형이 스트레스 방향이며, 7번이 성장(통합) 방향이다.

예를 들면 9번 유형이 스트레스를 받으면 6번 유형의 단점들로 행동하고 9번 유형이 성장하면 3번 유형의 장점이 나타난다. 9번 유형이 자기 발전을 위해서 코칭을 받으려면 발달수준이 높은 3번이 좋다. 9번 유형의 사람은 평화적인 관계에 집착하다가 우물쭈물하고 일 처리가 늦어서 문제가 된다. 이럴 때 일 처리에 대해서 탁월한 감각과 시스템을 잘 만들어내는 3번 유형의 도움을 받으면 좋다.

9번 유형의 사람이 건강하고 발달수준이 높으면 3번도 높게 나오지만 건강하지 못하고 발달수준이 낮으면 3번은 낮고 6번만 높게 나온다. 9번이 힘들고 스트레스를 받을 때는 6번 유형의 단점을 가지고 두려워하며 행동하기 때문에 6번 유형처럼 보인다. 9번 유형도 6번 유형처럼 스트레스 상황이나 갈등상황에서 의욕을 상실하고 자기 무능을 자책하고 혼자 시간을 보낸다.

3번 유형은 자기의 단점을 해결하기 위해서는 6번 유형의 도움을 받는 것이 좋다. 3번은 일을 탁월하게 성취하지만 발달 수준이 높지 못하면 남에게 인정받기 위해서 일 중독에 빠지고 자기 건강을 해칠 수 있다. 일에 집착하고 가족이나 옆을 돌아보지 않고 일하기 때문에 6번의 조언을 받으면 자기 건강을 지키며 후회될 일을 줄일 수 있다.

6번은 일을 줄이고 건강을 챙기도록 중요한 원칙을 제시해 줄 수 있는데 6번에게 이런 재능은 본능적이며 동물적 감각이다. 3번이 스트레스를 받으면 9번 유형의 단점 행동을 보이는데 사람과의 갈등을 줄이고 싶어서 일을 내려놓고 도망치거나 번 아웃 상태로 게으름(태만)의 모습을 보인다. 6번 유형의 사람은 9번이 성장(통합) 방향이며 3번이 스트레스 방향이다. 6번이 어떤 도움을 받을 때는 건강한 9번의 도움을 받으면 좋은데, 6번이 머리형이기 때문에 생각과 지식이 많지만 두려워서 고민을 하고 선택을 못 한다.

9번은 평화적인 사람인데 한쪽에 치우치거나 균형을 잃은 것을 빠르게 찾아내고 무엇부터 하면 좋을지를 잘 안다. 9번은 자기 일에 대해서 선택하는 일을 힘들어하지만 발달수준이 높은 사람은 균형 감각이 뛰어나고 우선순위를 잘 결정할 수 있다. 6번이 스트레스를 받는 상황에서 3번의 단점을 취하게 되는데 자기 실패를 가지고 쓸모없는 존재로 생각하고 우울감에 빠지게 된다. 이럴 때는 3번 유형처럼 보일 수 있지만 내면의 동기와 감정, 핵심가치와 본질적인 재능에서 차이가 있다. 행동은 비슷해도 집착과 핵심가치가 다르기 때문에 내면을 알아차리고 살피는 것이 중요하다.

나머지 1-4-2-8-5-7-1번의 유형들도 스트레스 방향과 성장 방향에서 비슷한 메커니즘을 보인다. 자기 단점을 극복하고 성장하고 발달하기 위해서는 스트레스 방향과 성장(통합) 방향에서 자기 모습을 보아야 한다. 그리고 자기 모습을 있는 그대로 수용하고 신념과 감정을 만나야 한다. 그러면 마음에 안정과 여유가 생기고 다른 방법과 행동을 선택할 여유와 지혜가 생긴다.

필자는 목회자로서 나의 성격의 장단점을 모르고 다른 목회자의 장점들을 배우려고 했었다. 나의 성격과 타인의 성격에서 나오는 본질적인 기질과 재능을 이해하지 못하고 배우려고 했으니 얼마나 어리석은 일인가? 즉 내가 닮아야 할 사람과 닮을 수 없는 사람을 구별하지 못하고 닮으려고 했다. 성격을 공부하면서 나의 장점을 알았고, 나의 단점을 극복하고 배워야 할 유형이 9번이나 3번 유형의 사람임을 알았다. 성격을 배운 후에는 내가 못하는 재능과 일에 대해서 과감하게 위임하고 격려하게 되었다. 그리고 그들의 섬김과 장점에 감사하며 함께 공동체를 섬기는 지체로 바라보게 되었다.

많은 사람이 자기 단점 때문에 장점이 묻히고 문제를 일으킨다. 생존본능 때문에 기질의 장점에 집착하면 오히려 단점이 된다. 어떤 사람은 일을 잘해 놓고 감정을 만나지 못해서 관계에서 문제가 터진다. 어떤 사람은 관계를 잘 맺지만 일을 망쳐 놓고 그 일 때문에 관계가 깨진다. 어떤 사람은 몸 반응이 좋고 행동에 강점이 있지만 감정을 절제하지 못하고 폭발해서 문제가 터진다.

인격의 3가지 요소에서 한 가지는 크게 발달하고 다른 영역에서 발달하지 못하면 문제가 생긴다. 에니어그램에서는 성격 유형에 따라서 '지정의'에서 억압한 요소를 잘 다룬다. 그래서 에니어그램에서 성격의 유형을 알면 발달 방향과 스트레스 방향을 알 수 있고 장단점을 예측할 수 있다. 그리고 깊고 깊은 심연에는 생존본능과 본능 욕구가 있으며, 더 깊은 곳에는 영이 영향을 준다. 또한 성도들은 영적인 체험과 믿음을 통해서 성격을 뛰어넘고 성령의 역사를 통해서 본능을 통제하며 이전과 다른 새로운 삶을 산다. 그러나 여전히 성도들의 성격발달 수준은 자기 인생과 신앙생활에 영향을 주고받는다.

자기 삶에서 옛사람의 성격대로 살고 있는 것들을 발견하자. 자기 성격이 어떻게 변형되어 잘 나타나는지를 알아가자. 그리고 주님의 성품으로 변화되고 성장하기 위해서 힘쓸 일을 찾아보자.

"이로써 그 보배롭고 지극히 큰 약속을 우리에게 주사 이 약속으로 말미암아 너희가 정욕 때문에 세상에서 썩어질 것을 피하여 신성한 성품에 참여하는 자가 되게 하려 하셨느니라"(베드로후서 1:4)

(정답과 결론 도출 또는 논쟁하지 말고, 자기 생각을 정직하게 나누고 서로 경청하며 성령님의 음성을 들으세요.)

1) 자신은 에니어그램에서 어떤 날개를 많이 사용하는가?

2) 에니어그램 화살표에서 성장 방향의 장점은 자신에게 어떻게 나타나고 있는가?

3) 에니어그램 화살표에서 스트레스 방향의 특성은 자신에게 어떻게 나타나고 있는가?

4) 자기 성격에 나타난 달란트와 사명은 무엇이라고 생각되는가?

3

세 개의 자아 [28)]

에니어그램은 세 개의 자아로 나눈다.

에니어그램은 행동을 유발하는 자아의 주된 특징을 머리 중심, 가슴 중심, 장 중심으로 나누어 분류하고 '세 개의 자아'라고 부른다. 에니어그램에서는 몸을 가장 잘 사용하는 사람을 '장 유형'이라고 부르며, '8, 9, 1'의 번호를 붙였다. 가슴을 가장 잘 사용하는 사람을 '가슴형'이라고 부르며, '2, 3, 4'의 번호를 붙였고, 생각을 잘하는 사람을 '머리형'이라고 부르며, '5, 6, 7'의 번호를 붙였다. 이 3가지 유형의 특징을 따라서 별칭을 사용하는데, '장 유형은 본능형, 가슴형은 감정형, 머리형은 사고형'이라고도 한다.

장 유형은 본능적으로 몸을 잘 사용하는 사람을 말하며 행동에 강점이 있다. 가슴형은 본능적으로 감정 에너지를 잘 사용하고 예술적 표현이나 공감 능력이 뛰어나다. 머리형은 본능적으로 생각을 잘하고 지적 능력이 탁월하다. 사람은 누구나 인격을 가지고 있으며 지정의를 모두 가지고 사용하지만 일반적으로 세 가지 영역 중에서 하나를 잘 사용하고 발달해 있다. 세 가지 영역 중에서 다른 하나는 조금 발달해 있고 적게 사용하고 나머지 하나는 반응도 느리고 단점으로 작용한다. 사람의 성격을 이해하고자 할 때 이렇게 크게 세 개의 영역에서 어떤 장점을 가졌는지를 살펴보면 도움이 된다.

신앙생활을 잘하고 믿음이 성장한 사람은 믿음이 우선적으로 반응하지만 여전히 세 개의 자아를 가지고 산다. 성도들의 성격은 여전히 균형을 잃은 상태이며 발달된 영역에서 장점을 보이고 발달하지 못한 부분은 단점으로 나타난다. 사람의 성격을 이해하고자 할 때 세 개의 자아에서 발달한 영역을 관찰하면 사람마다 차이가 있음을 알 수 있다.

본능 중심(장 유형: 8, 9, 1번) : 일반적 특징

장 유형을 '본능 중심'이라고 하는데 장의 에너지를 많이 사용하며, 본능적으로 몸 사용을 잘한다. '본능 중심'이라고 하는 것은 몸의 반응과 욕구에 대하여 동물처럼 자동 반응을 나타냄을 의미한다. 몸에서 장은 굶주린 상태가 되면 자동으로 신호를 보내고 몸은 그 욕구를 해결하기 위해서 반응한다. 그래서 장 유형은 먹는 일과 쉬는 일을 중요하게 여기며 운동신경이 발달해 있다. 장 유형은 에너지가 많은 사람들이며 타인에게 간섭받기를 싫어한다.

에니어그램에서는 장 유형의 번호가 높은 쪽에 있는데 지배하려는 힘이 크기 때문이다. 이들은 인격의 요소에서 의지 즉 행동을 중요하게 여기며 타인을 판단할 때도 실천하는 모습을 가치 있게 여긴다. 그러나 장 유형 안에 8, 9, 1번은 타고난 기질이 다르고 핵심가치와 재능도 다르다. 또한 일과 사람을 대하는 방법과 자세가 다르고 단점도 차이가 있다.

장 유형에서 9번 유형은 결단이 제일 느리고 실천이 약하다. 이들은 '움츠림 형'이라고 하는데 핵심가치인 평화를 위해서 고민을 많이 하고 신중한 결단을 내리기 위해서 시간을 많이 사용한다. 행동과 결단이 느린 대신에 이들의 행동은 모두를 고려하고 결정하기 때문에 좋은 인간관계를 유지한다. 이들의 평화로운 자세는 게으른 모습으로 나타나며 일을 미루거나 집중력이 약하다. 이들은 스트레스 상황이나 어려운 일 속에서도 잘 될 것이라고 생각하는 긍정형이다. 견디는 힘이 크고 갈등을 회피하려고 하기 때문에 자신이 손해를 보고 참으려고 한다. 호불호를 따지고 갈등을 일으키는 것을 싫어하고 평화유지를 위해서 노력한다. 이들은 몸을 잘 사용하고 장의 욕구대로 먹는 일과 쉬는 일을 잘한다. 그래서 일반적으로 어린이 때부터 비교적 체격이 크다. 이들은 운동을 좋아하지만 전투적이고 경쟁적인 운동보다는 평화로운 운동을 선호한다. 축구에서는 호날두와 같은 공격수보다는 수비수나 중간에서 활약하는 플레이메이커를 좋아한다. 이타적이며 희생적인 모습은 평화로운 기질에서 나오며 타인과 함께 평화를 즐기는 운동을 좋아한다.

필자는 탁구 경기를 할 때 자동으로 수비적인 자세를 취하는 모습을 자주 경험했다. 어느 정도 실력이 되면 공격적인 모습이 필요한데 공격하지 않고 수비하다가 지는 경기가 많았다. 성격을 이해하기 전에는 이런 내 모습을 이해하지 못했지만 성격을 이해한 후에는 움츠림의 특징을 알았다.

어느 날 필자와 너무 닮은 성격을 가진 분이 탁구를 하는데 좋은 체격을 가지고 수비적인 모습을 보였다. 자신이 공격 찬스에서 수비를 하면서 혼잣말로 "나는 왜 공격을 안 하지? 이상하네!"라고 말했다. 나는 그분의 모습을 볼 때 웃음이 나오고 마음 속으로 "당신은 9번이라서 그래요"라고 말했다.

9번은 상대를 맹공해서 이기는 것보다는 수비와 공격을 균형 있게 사용해서 이길 때 기분이 더 좋다. 또한 무차별 공격해서 상대를 이기는 것을 좋아하지 않는다. 그렇게 해서 자존심을 건드리면 핵심가치인 평화가 깨질 수 있기 때문이다. 이런 모습은 인간적이며 호감이 가는 좋은 장점이지만 단점도 된다.

반면에 8번 유형은 힘과 능력을 추구하며 타인에게 통제받는 것을 싫어한다. 장 유형 중에서 분노의 감정에 가장 민감하게 반응하고 공격한다. 이들은 '공격형'으로써 타인에게 공격을 받거나 스트레스를 받을 때는 분노가 올라오고 즉각 반응한다. 충분히 생각하거나 논리적으로 설명하기보다는 분노 감정에서 곧바로 행동한다. 이들은 분노 감정에서 몸이 반응하고 행동을 저지른 후에 생각하며 후회한다. 이들은 몸이 빠르고 힘이 있으며 공격적이기 때문에 축구에서는 공격수에 적합하다. 이들은 회사에서 일할 때도 지시를 받는 것보다는 지시하는 역할을 좋아한다. 그래서 사장이 많으며 실제로 적성에 맞고 큰 일들을 많이 한다.

1번 유형은 '의존형'으로써 자기 행동과 분노 감정에 대해서 자기 슈퍼에고(초자아, superego, 超自我)에 반응하고 개혁의 대상이 되는 것이 두려워서 타인의 평가에 신경을 많이 쓴다. 그래서 자기감정을 억압하고 숨기려고 하지만 얼굴과 행동에는 나타나고 타인들은 쉽게 알아차린다. 이들도 장 유형이기 때문에 분노의 감정을 자주 느끼며 타인을 비판하고 개혁의 소리를 높인다. 그러나 자기 분노 감정을 만나지 않고 숨기려고 하는데, 그 이유는 자신이 개혁의 대상이 되고 비판받는 것을 두려워하기 때문이다. 그런데 자기감정을 억압하면 그 감정이 쌓여서 나중에는 폭발하고 타인과의 관계가 깨진다.

이들은 어려서부터 처벌을 받지 않기 위해서 눈치를 잘 살피고 올바른 방식으로 살아가려고 노력하는 신사들이다. 실수를 바로잡고 개선하는 능력이 뛰어나며 삶의 질을 높이며 산다. 이들의 장점은 타인의 문제나 약점도 잘 파악하고 문제를 잘 개선해 줄 수 있다. 기술적이며 침착한 운동을 잘하며 코치나 감독을 맡으면 더 좋은 결과를 가져올 수 있다. 주변에서 1번 유형의 사람을 만나서 대화하면 자신은 문제를 개선할 것이 잘 보인다고 말한다.

장 유형의 힘(에너지)

장 유형의 사람은 대부분 몸을 사용하는 재능이 많고 인내력도 크다. 자신 안에 힘이 있기 때문에 남의 말을 듣기보다는 자기주장이 강하고 주도적이다. 장 유형들은 타인과의 관계가 좋은 상태에서 어려운 일도 잘 해내고 타인을 잘 도와주는 능력이 있다. 가슴형의 사람이나 머리형의 사람이 장 유형과 함께 있으면 이들의 힘과 기(all one's energies)에 눌리는 경향이 있다.

8번은 자기 에너지로 외부환경을 통제하는데 집중하며[29] 말과 행동 속에서 자기 강함을 많이 나타낸다. 8번 유형이 7번의 날개를 사용하면 7번의 장점인 재치와 유머 감각을 사용하고, 9번의 날개를 사용하면 인내심이 높고 여유가 많으며 타인과도 좋은 관계를 유지한다. 타인의 의견도 잘 수용하고 조용하면서도 필요할 때 자기 힘을 지혜롭게 잘 사용한다. 8번이 성장 (통합) 방향에서 장점을 보이면 2번처럼 자기 힘과 능력을 희생해서 연약한 자를 잘 도와준다. 8번이 스트레스 방향에서 성장하면 5번처럼 지식을 탐구하고 뛰어난 지적 능력을 소유하게 된다.

9번은 외부와 내면으로부터 어떠한 영향을 받지 않으려고 힘을 쓴다. 9번이 8번의 날개를 사용하면 힘을 가지고 있으며 많은 일을 주도적으로 맡아서 해낸다. 9번이 1번 날개를 사용하면 균형 감각을 통해서 한쪽에 치우치지 않으며 원칙을 가지고 책임감 있게 문제를 개선한다. 9번이 성장(통합) 방향에서 장점을 보이면 3번처럼 일을 성취하기 위한 전략과 지혜가 많으며 응용력과 통합력을 발휘한다. 9번이 스트레스 방향에서 성장을 하면 6번처럼 성실하고 책임감이 강하며 안전하게 이끈다.

1번은 자기 내면을 통제하며, 문제를 개선하고 추진하는 일에 힘을 사용한다. 1번은 잘못을 알아차리고 해결하는 능력이 크고 문제를 개선하면서 능력을 발휘한다. 1번이 9번의 날개를 사용하면 평화적인 관계 안에서 문제를 개선하며 모두에게 유익이 되도록 문제를 해결한다. 1번이 2번의 날개를 사용하면 자신을 희생해서라도 타인을 도와주고 다정다감하며 호감 있게 문제를 개선한다. 1번이 성장(통합) 방향에서 장점을 보이면 7번처럼 삶의 여유를 갖고 즐기면서 계획적이며 솔선수범한다. 1번이 스트레스 방향에서 성장을 이루면 4번처럼 예술적인 감각과 특별한 것을 가치 있게 알고, 타인들의 장점을 발견하고 특별한 사람으로 돕는데 능력을 발휘한다.

이런 장 유형이 자기 욕구가 좌절될 때 그 에너지는 분노의 감정으로 나타난다. 이들이 분노 감정을 가지고 서로 싸우면 공동체에서 큰 소리가 나고 큰 싸움이 된다. 누군가 참고 양보를 해야 하는데, 장 유형들은 자기가 결정한 일에 대해서 양보하기 어려운 성격이다. 이들은 자기 안에 힘이 강하기 때문에 게임에서 지는 것을 싫어하며 승부욕이 강하다. 이들의 고집과 강함은 핵심가치와 집착이 혼합되어 나타나며 내면의 동기는 유형별로 조금씩 다르다.

9번 유형은 장 유형에서는 가장 자기주장이 강하지 않지만 한 번 고집을 부리면 아무도 못 말린다. 왜냐면 9번 유형은 평화를 위해서 많이 양보하고 살다가 고집을 피울 때는 자신이 마지막 보류로 남겨둔 것을 주장하기 때문이다. 이들이 자기 결정에 힘을 쏟고 고집을 피울 때는 최후의 결단을 마음에 내리고 자기 존재를 걸고 주장한다. 만일 9번이 주장하던 것이 꺾이게 되면 관계를 끝내고 마음에 결단한 것을 실행한다. 이때는 그의 결정을 아무도 돌이키지 못한다. 그래서 동물로는 코끼리와 비슷하다.

8번 유형의 사람이 고집을 피울 때는 힘에서 지고 싶지 않아서 자존심을 걸고 주장한다. 이들에게 고집은 싸움의 형식으로 나타나며 물러서지 않고 양보하지 못한다. 이들이 양보를 한다는 것은 자신이 약해진 것 같고 통제를 받을 것 같아서 핵심가치와 충돌을 일으킨다. 이들은 자신이 갖고 있는 힘을 누군가가 빼앗으려고 하면 곧바로 분노가 올라오고 행동으로 자기 힘을 보여준다. 이들이 평소에는 상한 감정을 드러내면 약해진 것 같아서 숨기지만 공격할 때는 감정과 함께 에너지가 폭발한다. 또한 자기 잘못을 알아도 입에서 시인하거나 사과하는 것을 매우 힘들어한다. 어린아이 때부터 잘못을 인정하지 않고 고집을 피우는 자녀는 8번 유형일 가능성이 높다. 그 고집을 꺾으려 싸우지 말고 덕을 가르치는 일이 필요하다. 이들은 잘못을 인정하는 것이 지혜롭고 용기 있는 일임을 알아야 한다.

　1번 유형의 사람이 고집을 피울 때는 반드시 개선해야 할 일이며, 더 큰 문제를 막기 위해서 힘을 쓴다. 이들은 문제가 생기면 그로 인한 피해와 손익계산이 잘되고 분노가 올라오면서 개선하고자 힘을 쏟는다. 이들은 자기감정을 누르고 정보를 수집하고 분석하여 합당한 이유와 해결책을 가지고 있기 때문에 고집을 피운다. 이들은 자기 주장을 무시한다면 더 이상 상대하지 않으려고 한다.

　장 유형(8, 9, 1번 유형)이 마음에 올라오는 분노 감정과 자기주장을 할 때는 그들의 욕구와 감정을 공감하고 수용하며 경청할 필요가 있다.

감정 중심(가슴형: 2, 3, 4번)의 일반적 특징

감정 중심인 가슴형은 가슴의 에너지가 발달되어 있고 감정을 잘 느끼고 나타낸다. 감정 중심이라고 하는 것은 본능적으로 감정이 빠르게 작동하고 감정 에너지가 크다는 뜻이다. 만일 자녀가 가슴형이라면 어려서부터 감정을 나타내고 감정에 민감한 행동을 한다.

건강하지 않은 가슴형은 감정의 기복이 심하며 이들의 감정 변화는 주변 사람들을 어렵게 만든다. 가슴형이 건강하게 발달하면 자신감과 수용력이 크고 타인의 마음을 잘 공감하고 소통을 잘한다. 예술적이며 창작이 필요한 모든 일에 적합하고 타인의 관심을 끄는 특별함이 있다. 이들의 마음은 매우 밝고 기쁘게 살아가며 타인들에게도 기쁨을 흘려보낸다. 이들은 연예인들이 많은데 방송용 메이크업이나 독특한 의상을 좋아한다.

교회나 가정에서도 이들이 있으면 정서적으로 따뜻해지고 행복해진다. 모든 사람에게 가슴과 감정이 있지만 본능적으로 감정에 탁월한 반응을 하는 사람들이 가슴형이다. 그러나 가슴형들도 유형에 따라서 욕구와 반응이 다르다.

2번 유형의 사람은 가슴에서 우러나오는 사랑을 가지고 자신을 희생하며 잘 섬긴다. 이들의 희생과 섬김을 받으면 좋아하지 않을 사람이 없다. 이들은 타인의 필요에 대해서 탁월한 감각으로 알아차리고 센스있게 잘 섬긴다. 스트레스 상황이나 문제를 만나도 낙천적으로 바라보고 긍정의 마음을 유지하려고 노력한다. 이런 밝고 낙천적인 모습은 7번 유형과도 비슷하지만 내면의 동기가 다르다.

2번 유형은 낙천적인 모습을 보임으로 자신이 사랑받을 상태를 유지하는 것이며 7번 유형은 본능적으로 기쁨과 즐거움을 추구한다. 2번 유형의 사람은 친절과 사랑을 실천함으로 타인들로부터 인정받으려는 욕구가 있다. 발달 수준이 낮으면 자기 형편과 처지를 넘어서 과도하게 희생하고 욕구좌절로 상처를 받는다.

3번 유형의 사람은 일을 효율성 있게 성취하는 능력과 감각이 탁월하다. 이들은 일을 성공시키는 분석 능력을 가지고 일을 잘해 칭찬받지만 감정을 무시함으로 관계에서 문제가 생긴다. 하나님은 일을 계획하고 탁월한 전략으로 성취하시는데 이런 재능을 많이 가진 사람이다.

4번 유형의 사람은 멀리서 보아도 일반적인 사람과 다른 뭔가 독특한 엣지가 있다. 이들은 일반적인 것에서 특별함을 발견하며 자기 방식으로 독특하게 표현한다. 이들은 타인의 감정에 대해서 이입을 잘하는데 심한 경우에는 함몰 수준에 이른다. 이들은 감정에 정직하기를 원하며 감정을 가장 많이 사용하고 민감하다. 이들의 특별한 재능은 세상에 감추어진 아름다움을 예술적인 솜씨로 드러내고 세상을 아름답게 수놓는다. 세상은 이들의 특별한 재능에 매료되며 아름다움을 느끼고 행복해한다. 이들의 감정과 특별한 감각과 창작능력은 다른 유형이 따라갈 수 없다. 이들이 느끼는 특별함과 감정, 감각은 하나님께 속한 재능이다.

가슴 유형의 감정(에너지)

가슴 유형은 감정의 영역에 중심을 두고 관계, 감정, 자아 이미지를 유지하고 주된 관심을 가진다. 이들은 타인으로부터 사랑받을 수 있는 자아 이미지를 통해 그들과 정서적으로 좋은 관계를 맺고 타인의 인정과 평가를 기반으로 자기 정체성과 존재가치를 확인하려고 한다.[30] 이들이 삶에서 항상 고민하고 마음에 품고 살아가는 것은 감정이며, 다른 사람을 이해하고 평가하는 기준도 감정이다. 물론 머리와 지식도 사용하고 의지도 사용하지만 이들은 감정의 가치를 잘 알고 많이 사용한다.

이들이 사랑과 감정을 주고받으며 살다가 욕구가 좌절될 때 느끼는 주된 감정은 '부끄러움'이나 '수치심'이다. 사람은 누구나 욕구가 좌절되면 분노가 올라오지만 가슴 유형은 부끄러움과 수치심을 크게 경험한다. 2, 3, 4 유형은 자기 핵심가치가 다르고 욕구가 다르기 때문에 부끄러움과 수치심을 느끼는 이유와 표현 방법도 다르다. 2번 유형이 자신을 희생하며 섬긴 일과 사랑을 인정받지 못할 때 분노와 함께 수치심을 느낀다. 3번 유형의 사람은 일을 실패할 때 수치심을 느끼고 자기 무능력을 부끄럽게 생각한다. 4번 유형의 사람은 자기 특별함을 인정받지 못할 때 수치심을 느끼고 우울해진다. 수치심과 부끄러움을 느끼면 마음이 불편해지며 그 감정을 따라서 행동한다.

2번 유형의 사람들은 '의존형'으로써 자기 슈퍼에고에 의존하지만 타인의 반응에 따라서 영향을 받는다. 이들의 재능은 타인의 필요를 잘 알아차리고 자신을 희생하고 섬기는데 나타난다. 이들은 수고와 섬김을 통해서 타인을 감동시키고 자기편으로 만드는 힘이 있다. 이들의 섬김은 예수님처럼 자신을 희생하고 실제적이기 때문에 타인을 매료시킨다. 이들은 이렇게 친절과 섬김, 사랑을 나타냄으로써 자신을 나타내며 인정받고 사랑받고 싶은 욕구를 성취한다. 이들의 근원적인 재능과 감각은 하나님으로부터 온 것이지만 욕구는 세상으로부터 온 것이다.

성도들 중에서 2번 유형의 사람은 믿음 없이도 사랑을 잘 실천한다. 그래서 믿음에서 나오는 섬김과 자기 기질에서 나오는 섬김을 구별하기 어렵다. 그러나 그 섬김 욕구를 관찰하면 자아 추구와 성령의 소욕 중에서 구별이 가능해진다. 섬김과 희생이 감동적이지만 욕구가 다르면 섬김 후에 주변의 반응에 따라서 자기감정이 달라진다.

2번 유형의 성도들은 믿음과 성령 안에서 사랑을 나타내고 섬길 때 자유롭고 좋은 열매를 맺게 된다. 건강하지 못한 사람은 사랑을 확인하고 싶어서 강박적으로 섬기고 반응을 기대한다. 건강하지 못하면 자신과 가족을 돌보지 않고 타인에게만 집중한다. 그럴 때 가족들은 상처를 받는다. 집착이나 강박에서 섬길 때 그 욕구가 충족될 수 없으며 자신과 타인을 불행하게 만든다. 이들이 집착으로 섬길 때 주변 사람은 점차 부담스러워서 도망가게 된다.

2번 유형은 자신을 희생하고 섬긴 후에 욕구가 좌절되면 분노와 수치심을 경험하고 8번처럼 공격한다. 그러나 자아가 건강한 사람은 섬기는 것이 아가페 사랑에서 출발하며 타인의 반응보다는 섬김 자체에 보람을 느낀다. 이들의 섬김은 하나님의 아가페 사랑을 흘려보내기 때문에 자유가 있고 감동이 있다.

주변에서 이들이 섬기는 모습을 보면 자발적이며 센스가 많아서 감탄이 나오고 타고난 재능이라는 것을 새삼 느낀다. 섬김을 가르치고 명령해서 경험한 것과는 차원이 다르다. 교회에서 2번 유형이 섬기는 모습을 보면 성도들도 행복해하고 종으로 섬기러 오신 주님을 보는 것 같다.

2번 유형이 1번 날개를 사용하면 타인을 도울 때 분석하고 원칙을 가지고 잘 되도록 돕는다. 2번 유형이 3번 날개를 사용하면 일을 도와주고 성공할 수 있는 전략을 가지고 섬긴다. 2번이 성장(통합) 방향에서 섬기면 4번 유형처럼 타인의 장점을 발견하고 그에게 필요한 독특한 것을 준비해서 섬긴다. 2번이 스트레스 방향에서 8번 유형처럼 섬기면 주변에 있는 힘과 능력까지 끌어모아서 돕고 책임을 진다.

3번 유형의 사람들은 어떤 일을 맡겨도 가장 효율적으로 일을 성취하고 분석력도 뛰어나다. 3번 유형은 일 중독이 많을 만큼 일과 성취에 집중한다. 이들은 일을 효율적으로 잘 성취한 후에 주변 사람들의 칭찬과 환호 소리에 짜릿한 만족을 느낀다. 이들은 일이 생기면 앞장서서 맡으려고 하고 일이 끝나면 또 다른 일에 관심을 보인다. 일의 성취로 인정과 칭찬을 기대하는 사람은 만족과 성취감을 충분히 누리지 못하고 다시 새로운 일을 찾는다.

이들은 '감정형'이지만 감정에 이끌리지 않으려고 노력하고 감정을 억압하며 산다. 그 이유는 감정에 흔들리면 일을 성취할 수 없기 때문이다. 그래서 3번 유형의 사람이 일에 집착하면 감정 영역을 이해하지 못하고 타인의 감정을 무시한다. 감정을 무시하면 행복이 줄어들고 타인과의 관계도 깨어진다. 감정 에너지를 적게 사용하면 타인의 마음을 움직이지 못하여 팀 사역이 어렵게 된다

스포츠 감독이나 코치들이 성공을 위한 목표 때문에 감정을 무시하면 선수들의 자발성이 떨어지고 실망감 속에 빠져 있는 경우가 많다. 감독과 코치에게 나쁜 감정을 가진 선수는 좋은 말도 듣기 싫고 실력을 발휘하지 않는다. 가정에서도 3번 유형

의 부모들은 자녀들의 감정을 공감해 주지 못함으로 상처를 주
는 경우가 생긴다.

이들은 감정 이해와 사용법을 배우고 공감의 중요성을 배워
야 한다. 발달수준이 높고 자아가 건강한 사람은 일도 잘하지
만 자기 몸 건강관리도 잘한다. 자아가 건강한 사람은 감정 에
너지를 잘 이해하고 사용하며 타인의 마음도 사로잡는다.

3번이 2번 날개를 사용할 때는 따뜻한 감정을 만나면서 일
이 잘되도록 돕는다. 3번이 4번 날개를 사용할 때는 감수성이
예민하고 뛰어난 상상력을 통해서 일을 더 아름답게 성취한다.
이들은 일을 효율적으로 성취할 뿐만 아니라 예술적인 감각까
지 뛰어나게 된다. 3번이 성장(통합) 방향에서 6번의 장점을
보이면 자기감정과 사생활과 건강을 소중히 여기며 타인과 행
복한 관계를 유지한다. 3번이 스트레스 방향에서 9번의 장점을
보이면 일 중독에서 벗어나고 쉼을 누리고 느긋하고 여유를 갖
는다.

4번 유형의 사람은 감정적으로 가장 뛰어나며 정서 반응이
탁월하다. 타인이 보지 못한 독특한 것들을 보고 느끼며 반응
할 수 있다. 하나님의 창조세계에 나타난 특별한 솜씨를 알아
차리고 자기만의 독특한 방식으로 표현해낸다. 이들은 주로 예
술 계통이나 예술적 표현이 가능한 곳에서 일을 잘하는데 이들
의 솜씨에 사람들은 감동을 받으며 하나님의 기쁨에 동참한다.

세상은 이들의 아름다운 노래, 시, 영화, 작품을 통해서 얼마

나 많은 감동을 받고 행복을 느끼는가? 이들의 수고와 특별한 작품이 없다면 세상은 얼마나 단조롭고 삭막하겠는가? 하나님은 이들의 예술적 감각을 통해서 하나님의 아름다움을 나타내시고 기쁨과 행복을 누리게 하신다.

교회에서 예배 팀이나 찬양 팀, 환경미화 팀에는 반드시 이들이 필요하며 이들의 솜씨를 통해서 분위기가 살아난다. 이들은 본능적으로 특별한 일에 관심을 쏟으며 섬세하고 꼼꼼한 부분이 있다.

주변에서 건강한 4번의 사람을 보면 매우 기쁘고 긍정적인 모습으로 살아가는 것을 본다. 이들의 외모는 타인과 구별되는 뭔가 특별한 매력이 있으며 특별한 존재가 됨으로써 자기 존재가치를 높이고 인정받는다. 이들은 특별한 칭찬과 인정을 좋아하기 때문에 어설픈 칭찬이나 상식적인 칭찬은 좋아하지 않는다. 이들이 건강하지 못하면 감정에 진실하려는 성향 때문에 부정적인 우울 감정에 빠진다. 또한 타인의 감정을 자기 것으로 받아들이고 동화되거나 타인의 감정을 자기에게 투입하는 '함입' 또는 '내사'를 잘 사용한다. 그래서 타인의 감정에 공감을 잘할 수 있지만 자신도 조절할 수 없는 감정에 휘말리게 된다.

이들은 자기감정을 위로받기를 원하지만 독특한 방식으로 은근슬쩍 알리기 때문에 주변에서 알아차리기 어렵다. 이들이 감정에 함몰되어 살아갈 때 자신도 힘들어하지만 타인들은 대처 방식에서 어려움을 느끼고 멀리 도망가게 된다. 그래서 건강하지 못하면 외톨이가 되고 외계인이란 말을 듣는다.

4번이 3번 날개를 사용할 때는 일도 잘해서 부귀영화를 누리고 귀족으로 산다. 고급스럽고 세련된 문화를 좋아하고 자신이 이루고 싶은 일을 탁월하게 잘 이룬다. 4번이 5번 날개를 사용할 때는 자신만의 창의적인 방법으로 살아가며 지식과 정보를 잘 활용한다. 소설이나 드라마나 연극 작가로서 탁월한 실력을 발휘할 수 있다.

4번이 성장(통합) 방향에서 장점을 보일 때는 1번처럼 보이는데, 주관적인 감정에서 벗어나서 객관적인 원칙과 현실감을 갖는다. 이럴 때는 자기감정보다는 명분과 가치를 중요하게 여기고 꼼꼼하게 문제를 개선해 간다. 4번이 스트레스 방향에서 장점을 보일 때는 2번처럼 자기 재능으로 타인의 독특함과 장점을 발견하고 발달하도록 돕는다. 자녀들이 4번 유형이라면 흥이 많고 감정표현을 잘하고 독특한 행동을 많이 한다. 이들의 장점과 재능을 이해하면 세계적인 리더로 키울 수 있지만 반대가 되면 외계인이나 이상한 사람으로 몰아붙인다.

사고 중심(머리형: 5, 6, 7번)의 일반적 특징

사고 중심의 유형은 머리 에너지를 많이 사용하는데 주로 머리가 먼저 작동하고 생각을 많이 한다. 이들은 지식과 정보를 바탕으로 세상 개념들을 체계화하고 불확실한 미래를 계획하고 전략을 세운다.[31]

머리형들은 어려서부터 생각을 많이 하고 암기를 잘하고 머리가 발달한다. 이들은 타인을 평가할 때도 지식이나 정보의 수준을 중요한 기준으로 삼고 전문가의 지식을 신뢰하고 존경한다. 만일 자녀들이 머리형이라면 어려서부터 혼자 있기를 좋아하고 정보나 독서에 흥미가 많고 똑똑하고 공부를 잘한다. 이런 자녀들은 부모가 칭찬과 격려를 해주고 공부습관을 길러주면 스스로 알아서 공부를 잘한다.

머리형들은 자기 안에 있는 두려움과 불안을 극복할 도구로 머리와 지식을 사용하기 때문에 알지 못하면 불안이 올라온다. 이들은 지식은 미래를 대비할 수 있지만 감정은 별로 도움이 안 된다고 생각한다. 머리형들도 감정을 느끼고 중요하게 여기지만 미래를 계획하고 결정할 때는 감정을 억압한다. 이들의 생각과 결정은 냉철하고 합리적이지만 감정을 무시한다.

머리형들이 느끼는 감정은 주로 '두려움'인데 이때 올라오는 감정을 억압하고 지식으로 결정한다. 그래서 이들에게 감정을 물어보면 대부분 자신의 생각을 말한다. 머리형도 유형에 따라서 핵심가치가 다르고 지식에 추구하는 욕구나 태도가 다르다.

5번 유형은 신뢰할 수 없는 두려움에서 벗어나고자 세상을 살아갈 자원을 자기 내면에 쌓아두려고 한다.[32] 이들은 가장 머리를 잘 사용하며 타고난 재능과 핵심가치는 지식이다. 이들은 지식과 정보 없이 즉흥적으로 일하는 것을 불안해서 싫어한다. 이들에게 지식은 자기 생존에 가장 중요한 자원이기 때문에 전문적이며 타인과의 공유를 꺼려한다. 이들은 탐구하고 연구하는 일을 즐거워하며 지식을 기반으로 하는 전문가들이 많다.

6번 유형은 뛰어난 안전 감각과 통찰력이 있으며 외부와 내면세계의 두려움으로부터 벗어나기 위해서 지식을 추구한다. 이들은 건강과 안전에 필요한 지식을 본능적으로 알아차리고 습득한다. 그러나 지식을 실천할 때 두려움과 불안을 극복할 수 있을 것이란 확신이 부족하여 신뢰할만한 사람에게 묻고 의존한다. 이들은 자기가 맡은 일에 성실하며 규모 있고, 책임감이 강한데 자기 실수와 잘못으로 안전에 문제가 생길 수 있기 때문이다. 이들은 내면의 두려움 때문에 일탈을 싫어하며 주변을 통제한다.

7번 유형은 재미와 기쁨을 추구하며 세상에 기쁨을 만들어주는 개그맨들이다. 이들도 머리형이기 때문에 머리가 좋지만 재미없는 일에는 관심을 보이지 않아서 어릴 때 학교 성적은 대부분 신통치 않다. 흥미를 잃었을 때 집중력이 흩어지고 ADHD처럼 산만한 모습을 보인다. 수업 시간에 친구들과 선생님을 재밌게 해주려고 웃기는 행동과 말을 하다가 상황에 맞지 않아서 야단맞기 일쑤다. 개그맨들의 재치와 입담은 머리가 좋고 타고난 재능이 있기 때문에 가능하다. 이들은 자기 재미와 기쁨을 빼앗기는 것을 두려워하며 그 내면의 두려움을 극복하기 위해서 외부의 즐거움에 몰입한다. 자기 재미를 추구하기 위해서 끊임없이 계획을 세운다. 이들이 있는 곳에는 웃음이 있고 사람들이 몰려들고 인기가 좋다.

머리 유형의 지식(에너지)

이들의 에너지는 머리와 지식에 있다. 이들에게 어울리는 구호는 "아는 것이 힘이다"이며, 해박한 정보와 지식은 이들에게 큰 자산이다. 이들은 방대하고 정확한 지식을 기반으로 설명하기 때문에 타인의 공감을 받으며 지지를 받는다. 이들은 어떤 일을 할 때 정확한 지식을 활용하여 전략을 짜고 체계적이며 계획적이다. 머리형들은 자기 재능과 핵심가치가 다르지만 자기 두려움을 해결하기 위해서는 공통적으로 지식을 사용한다.

인지 치료자들은 문제 행동에 대해서 부정적인 감정을 잠시 내려놓고 생각을 바꾸도록 요청한다. 생각이 감정을 결정하고 행동에 영향을 준다는 것을 알기 때문이다. 생각은 기대를 만들고 그 욕구는 감정을 결정하기 때문에 감정이 상하여 행동할 때는 생각을 바꾸면 효과를 본다.

설교나 상담, 강의에서 감정만 자극하고 바꾸려는 시도가 오래가지 못하는 것은 생각이 바뀌지 않으면 감정과 행동은 그대로 반복되기 때문이다. 생각을 바꾸는 훈련은 대단히 중요한데 생각을 바꾸기 위해서는 새로운 지식을 배우고 행동으로 경험해야 한다.

실행이나 행동 없이 지식을 바꾸는 일은 무척이나 힘들고 머리가 복잡해진다. 생각과 지식은 새것을 받아들일 때 이전 지식과 충돌하고 논쟁을 한다. 그래서 지식만 전달하면 자기 안에 생각을 정리할 시간이 필요하기 때문에 실천과 행동이 바뀌지 않는다.

인격에서 행동에 큰 영향을 주는 것은 감정이며, 불안하고 두려운 상태에서는 본능적으로 그 문제를 해결하려고 한다. 따라서 자기의 나쁜 감정을 만나지 않고 새로운 지식을 주입하는 것은 변화로 연결되지 않는다.

지식이 행동으로 연결되기 위해서는 감정의 변화를 거쳐서 감동을 받아야 한다. 감정을 무시하면 공감이 어렵고 공감되지 않으면 정보와 지식에 대해서는 귀를 닫아 버린다. 성도들은 복음을 지식으로만 들으면 마음과 행동의 변화가 없지만 감동을 받으면 감정과 생각이 변한다. 이런 인격의 상호작용을 생각할 때 한쪽만 강조하고 커지는 것은 온전하지 못함을 알 수 있다.

인격에는 '지정의'가 하나로 작동하며 유기적인 움직임이 있다. 사람은 인격적인 존재이며 누구든지 인격의 3가지 요소 '지정의'의 메커니즘을 가지고 있다. 지식은 감정을 결정하고 감정은 행동에 가장 크게 영향을 주고 행동은 다시 생각을 변화시킨다. 그래서 인격의 성장은 자기 경험을 필요로 하며 경험 후에 자기 성찰(Reflection)을 통해서 생각을 바꾸어야 한다.

한 번은 방송국에서 어린이들을 대상으로 감정이 지식에 미치는 영향을 직접 실험했다. 실험 대상 어린이들을 학교 성적별로 나누어서 뽑고 방송국에서 문제를 풀게 했다. 한참 집중해 시험을 보고 있는데 테스트가 시작되었다. 갑자기 하얀 연기가 쏟아지고 어른들은 "불이 났다"고 소리를 쳤다. 어린이들은 긴장하기 시작했고 주변을 살피며 대피할지 상황을 살폈다. 옆에 있던 교사들은 어린이들에게 "괜찮다"고 했지만 어린이들은 불안한 상태에서 문제를 풀었다. 이런 상태에서 문제를 풀고 평균을 계산했는데 모든 어린이들의 평균점수가 자기 점수보다 떨어졌다.
운동선수는 시합 때에 지나치게 긴장하고 두려워하면 몸이 굳어지고 생각도 다양하지 못하게 된다. 운동경기에서도 멘탈 강한 사람이 자기 실력을 발휘하며, 불안해지면 스스로 무너진다.

머리형들은 두려움을 해결하기 위해서 머리를 사용하고 감정을 회피하지만 두려움을 직면해야 한다. 머리형들은 기본적으로 머리를 많이 사용하고 지식을 추구하지만 동기와 핵심가치는 유형별로 다르다.

5번 유형은 머리형에서 뛰어난 지식 감각과 가치를 알고 사용한다. 이들은 하나님의 재능 중에서 지혜와 지식의 하나님을 가장 많이 닮았다. 이들은 하나님의 지혜와 원리, 법칙, 지식을 알아내고 세상을 이롭게 한다. 이들의 능력은 지식과 정보 감각이 뛰어나며, 전문분야에서 연구자나 학자들이 많다.

5번 유형은 머리형을 대표할 만하며 어릴 적부터 컴퓨터란 별명을 듣곤 한다. 이들에게 무엇을 물어보면 책을 펴서 가르쳐 준 것처럼 정확한 정보가 솔솔 흘러나온다. 암기력이 좋고 정확하고 전문적인 지식을 가지고 있기 때문에 듣는 사람은 설득당한다.

자기 불안과 두려움을 해소하기 위해서 지식을 추구하기 때문에 타인과 같은 수준의 지식을 갖는 것을 원하지 않는다. 그것은 자기 경쟁력을 잃게 하는 것이며 두려움을 해결할 능력이 없는 것으로 여겨진다. 이런 이유 때문에 스스로 나서서 자기 지식을 말하지 않으며 지식과 정보를 제공하는 것을 꺼려한다. 이런 움츠린 모습을 많이 보이기 때문에 행동 유형으로는 '움츠림 형'이라고 한다.

지식은 항상 부분적이며 모든 것을 알 수 없기 때문에 항상 불안하고 움츠러든다. 지식이 있어도 불안과 두려운 문제를 모두 해결할 수 없기 때문에 자신감이 약하다. 진리는 자유를 주고 지식은 나쁜 감정을 바꿀 수 있지만 지식만으로 궁극적인 불안과 두려움을 해결할 수 없다. 이들은 이런 두려움 때문에 움츠려 지내는 것을 좋아하고 머리를 많이 사용하기 때문에 격렬한 운동이나 몸 사용을 싫어한다.

몸을 사용하고 운동하는 것보다 책을 읽고 지식을 추구하며 불안에 대처한다. 5번이 4번 날개를 사용할 때는 창의적인 방식으로 자기 생각을 펼친다. 타인이 알지 못한 지식과 정보를 가지고 희열을 느끼며 자신이 의미를 둔 일에 민감하다. 필자가 생각할 때는 드라마나 극작가 등 글을 쓰는데 탁월한 재능을 나타낼 수 있다.

5번이 6번 날개를 사용할 때는 자기 현실적인 문제를 해결하기 위해서 논리적인 체계를 세우고 해결책을 찾는다. 5번이 성장(통합) 방향에서 장점을 보일 때는 정보와 지식을 능력으로 사용해서 8번처럼 힘과 리더십을 발휘한다. 5번이 스트레스 방향에 머물러서 장점을 보이면 7번처럼 유머 감각이 뛰어나며 언어의 마술사가 된다. 아나운서나 연설자 또는 강연자로 많은 장점을 보일 수 있다.

6번 유형은 안전과 생명을 위한 탁월한 감각과 두려움을 갖고 산다. 이들의 눈에는 안전과 생명을 위협할 요소들이 본능적으로 보이고 해결하려고 노력한다. 이들의 말을 들으면 건강과 안전에 큰 도움을 받을 수 있다. 이들은 자기가 맡은 일에 성실하며 책임감이 강한데 이것은 자기 두려움을 최소화하기 위한 전략이며 장점이다. 이들은 자신이 맡은 일에 성실하지 못해서 안전에 문제가 생긴다면 끔찍하고 두려운 일이라고 생각한다. 이들은 두려움 때문에 일탈을 싫어하며 안전이 보장된 상황과 일을 좋아한다. 이들은 돌다리도 두드려보고 무서워서 건너지 못하고 머물러 있다가 다른 사람과 함께 손을 잡고 건넌다. 그렇지 않으면 모두가 건넌 후에 혼자 있는 것이 무서워서 건너는 사람이다.

이들이 건강하지 못한 상태에서는 안전이 보장된 일에도 의심을 갖고 두려워하며 긴장한다. 이들은 건강과 생명을 두려워하는 마음이 커서 스트레스를 받음으로 오히려 심장과 안전에 문제가 올 수 있다. 이들은 자기 염려와 두려움이 얼마나 현실적인지를 생각하고 성찰(Reflection)할 필요가 있다. 이들의 핵심 가치는 안전이며 안전을 두려워하기 때문에 근거가 약한 지식이나 비전문가의 말은 의심한다. 잘못된 정보와 지식은 안전에 문제를 일으키기 때문이다. 그래서 자기 지식을 신뢰하지 못하고 자신이 신뢰할 만한 사람에게 자주 묻고 결정하는 '의존형'이다.

6번이 5번 날개를 사용할 때는 자신이 알고 있는 안전에 대해서 객관적인 정보와 지식을 더 추구하고 뛰어난 지성을 갖는다. 독립적으로 혼자 있는 것도 편안해하며 규칙과 기준이 명확한 지식체계에 마음이 끌리게 된다.[33]

6번이 7번 날개를 사용할 때는 재미와 재치도 있고 낙천적으로 생각한다. 사교적인 태도와 능동적인 모습을 보이며 타인으로부터 호감을 얻는다. 전문가가 함께하는 프로그램이나 안전이 보장될 때는 재미에 이끌려 모험도 하고 새로운 일을 시도한다.

6번이 성장(통합) 방향에서 3번의 장점을 보일 때는 안전을 지킬 일에 적극적이며 체계적이며 일을 잘 처리한다. 일을 성공하기 위한 분별력이 높고 실패할 가능성을 미리 예견하고 대책을 세운다. 6번이 스트레스 방향에 머물러서 9번의 장점을 보일 때는 불안에 대해서 과잉반응을 하지 않고 안정감을 유지한다. 쉬는 일과 먹는 것을 좋아하고 규칙과 법에 대해서 융통성을 발휘한다.

아내는 6번 유형인데 마음에 두려움이 많다. 집에서 특별히 할 일이 없으면 걸레를 들고 구석구석 먼지들을 닦아 낸다. 내 머릿속의 아내 이미지는 걸레를 들고 청소하는 모습이다. 아내는 어렸을 때도 집에서 혼자 남아 청소하는 일을 도맡았다고 한다. 아내의 이런 성격은 건강과 안전에 긍정적이며 평화로운 나의 성격과 충돌한다. 아내도 내 성격을 이해한 후에는 정돈 못 하고 게으른 모습을 직접 공격하지 않고 "이렇게 정리하는 것이 당신한테는 힘드나 봐요?"라고 살짝 놀린다.

성격을 모를 때는 그것도 잔소리로 들리고 내 마음도 상하고 싸움이 될 수도 있었다. 그러나 아내도 나에게 잔소리가 줄었고 나 또한 아내의 잔소리를 들으면 "미안해, 당신 마음에 안 들겠다!"라고 말하며 웃어넘긴다. 나는 건강을 돌보지 않는 편인데 하나님은 나의 건강을 돕는 천사로 아내를 주셨다고 생각하니 그의 장점이 늘 고맙고 감사하다.

아내는 성장(통합) 방향인 7번의 유머 감각도 있고 애교도 제법 있다. 7번의 공격성을 조금 사용해서 자기 마음과 생각을 몰라준다고 직접 말로 표현해 주니 고맙다. 아내의 성장(통합) 방향은 9번인데, 내가 9번이어서 나의 장점은 아내에게 필요하다고 생각하니 내 장점으로 많이 도와주어야 한다는 생각이 들었다.

7번 유형의 사람은 기쁨과 재미를 알며 유머 감각이 뛰어나다. 이들은 재미를 추구하기 위해서 지식을 추구하고 공상한다. 재밌는 일을 계획하고 정보와 지식을 탐구하여 자신이 원하는 재미를 얻는다. 이들에게 재미와 기쁨은 삶의 모든 것이며 가장 중요한 기준이다. 이들은 재미없는 일에는 견디기 힘들어하며 곧바로 다른 재미를 찾아서 생각하고 반응한다. 이들은 재미있는 것을 만나면 정신없이 시간을 보내고 돈과 에너지를 쏟아붓는다. 그래서 이들은 시간이나 돈 관리에서 약점을 가질 수 있으며 훈련되지 않으면 문제를 가져온다. 따라서 어린 자녀가 7번 유형이라면 부모가 시간과 돈 관리를 훈련 시켜야 한다.

공부도 재미가 있어야 하는데 사실 한국에서 공부를 재밌게 하기는 쉽지 않아서 학교 성적이 좋은 편이 아니다. 필자가 볼 때 최근에 TV 방송 중에는 연예인들이 세계를 돌아다니며 여행하며 재밌는 반응을 보여주는 리얼 프로그램은 이들을 위한 최적화된 작품 같다.

이들에게 가장 큰 두려움은 자기 인생에서 재미를 빼앗기는 것이다. 자기 재미를 빼앗거나 위협하는 대상을 향해서는 본능적으로 공격한다. 이들은 공격형으로 지혜와 재치를 가지고 공격하는데 공격을 받으면 곧바로 받아치는 재주가 있다. 또한 자기를 공격했던 사람을 잘 기억하고 있다가 반격의 기회가 생기면 공격을 시도한다.

이들은 병원에서 건강검진을 받거나 치료를 받을 때도 매우 두려워한다. 심지어 어른들도 갓난아이들처럼 두려워하는데 내면의 욕구를 고려해 보면 건강검진이나 치료 자체보다는 재미를 잃게 될 것을 두려워하는 것이다. 그런 두려움 속에서도 그들은 본능적으로 재미와 재치 있게 말하고 반응한다.

7번이 6번 날개를 사용할 때는 호기심과 아이디어들을 성실하게 계획하고 실행한다. 시간과 돈 관리 실패로 인한 고통을 두려워하고 책임감이 강하고 관리를 잘하게 된다.

7번이 8번 날개를 사용할 때는 자신이 생각한 계획을 잘 실행하며 힘을 기반으로 통솔하고 리더십을 발휘한다. 삶에서 자신이 원하는 것이 무엇인지 잘 알고 경쟁적으로 물질과 경험을 축적하여 자신이 하고 싶은 일을 실행한다. 7번이 성장(통합) 방향에서 5번의 장점을 보이면 재밌게 살기 위한 구체적인 계획을 잘 세우고 정확한 정보로 유머를 날리며 인기를 끈다. 7번이 스트레스 방향에서 1번의 장점을 보일 때는 재치와 유머를 기반으로 문제를 지적하고 개선사항을 제시한다. 그러나 건강하지 못하면 비판을 견디지 못하고 합리화하고 충동적이며 이상주의에 머물러 산다.

사람은 이렇게 세 가지 자아를 가지고 있으며 어느 영역을 많이 사용하느냐에 따라서 성격의 차이점을 보인다. 인격에서 세 가지는 각각 독특한 장점과 능력을 가지고 있으며 한 세트로 작동한다. 그런데 대부분의 사람은 인격의 세 가지 요소에서 균형을 잃고 한쪽에 치우쳐 있으며 어느 한쪽이 발달해 있다. 이 가운데서 발달한 영역은 자기 장점이 되지만 취약한 부분은 단점으로 나타난다.

세 가지 성격 영역에서 자기에게 부족한 영역은 무엇인지를 살펴보자. 그리고 자기 장점이 무엇을 위해서 사용하고 있는지를 살펴보자.

"그 주인이 이르되 잘하였도다 착하고 충성된 종아 네가 적은 일에 충성하였으매 내가 많은 것을 네게 맡기리니 네 주인의 즐거움에 참여할지어다 하고"(마태복음 25:21)

(정답과 결론 도출 또는 논쟁하지 말고, 자기 생각을 정직하게
나누고 서로 경청하며 성령님의 음성을 들으세요.)

1) 머리, 가슴, 장 중에서 자기에게 해당되는 것의 일반적인 특징
은 무엇인가?

2) 머리, 가슴, 장 중에서 자기 유형의 힘은 무엇인가?

3) 머리, 가슴, 장 중에서 자기 성격에 많이 나타나는 것은 무엇
인가?

4) 자기 성격에 나타난 달란트와 사명은 무엇이라고 생각되는
가?

4

성격과 본능

생존본능은 모든 생명체의 특징이다.

모든 생명체는 죽음에 종노릇하기 때문에 생존본능과 욕구
를 갖는다. '본능'은 자기 의지와 상관없이 무의식에서 작동한
다. 따라서 본능에 의한 행동은 알아차리기도 어렵고 다스리
기도 어렵다.[34] 흔히 동물의 행동방식을 본능적이라고 말하며
본능은 생존을 위한 타고난 생물학적 충동이다.[35] 살아 있는
것은 생존에 위협을 느낄 때 본능적으로 살고자 대처 반응을
한다.

얼마 전에 어떤 분과 식사를 하게 되었는데 식사를 하던 중
에 뜨거운 그릇을 손으로 잡았다. 그분의 입에서 "앗 뜨거워!"
라는 말이 나오기도 전에 손을 번개처럼 빠르게 뒤로 뺐다. 그
분은 운동을 좋아하지 않고 몸 반응이 빠르지 않으시기에 그런
빠른 반사 반응에 놀랐다. 옆에 가까이 사람이 있었다면 그분

의 팔꿈치에 공격을 당해 크게 다칠 뻔했다.

위기 상황에서 말보다 행동이 빠른 것은 성격과 상관없이 본능적으로 일어난다. 사람의 본능은 생존을 위한 기본욕구이며 성격 형성에 초석이 되고 죽을 때까지 영향을 준다. 따라서 생존 욕구는 성장을 위한 원동력이며 발달의 동기가 된다.

나무는 가뭄 때에 뿌리를 깊이 내리고 그런 나무는 바람에 잘 견디고 생존율이 높아진다. 사람은 생존본능에 기초해서 대처방식을 세우고 성장한다. 동물은 생리적인 욕구에 본능대로 반응하지만 사람은 인격적인 존재이기 때문에 인격과 사회 안에 다양한 대처방식을 갖는다.

세상은 생존전략으로 체계를 세우고 경쟁하는 곳이다. 세상이란 뜻의 그리스어 '코스모스(κόσμος)'는 '질서, 꾸밈, 장식'을 의미하는데, 예를 들면 기병대의 조직, 말의 구성 등이다.[36] 세상은 힘을 가진 자가 조직을 세워서 생존에 유리하게 장식한다. 세상에서 생존에 유리한 고지를 차지하려면 타인보다 뛰어나야 하고 인정을 받고 높은 자리에 서야 한다. 민주화가 되지 않는 밀림 지역 원주민들이나 공산국가에서는 최고의 통치자가 생존에 가장 유리하다. 그들은 절대 권력을 가지고 자기 생존을 방어하며 자기 대적자를 쉽게 제거할 수 있다. 이런 이유로 사람은 육체에 필요한 생리적인 욕구 외에도 마음에 여러 욕구가 작동한다.

사람은 영적인 존재이기 때문에 신의식이 있으며 육체의 소욕이 채워져도 죽음을 걱정한다. 모든 사람은 죽음을 경험하며 죽음을 두려워하며 불안한 마음을 가지고 산다. 이 문제를 어떻게 풀어가야 할까? 사람은 성격을 통해서 본능에 대처하고 철학과 종교는 이런 부분에 답을 찾아 제시하려고 한다. 성경은 사람의 생존본능과 욕구에 대해서 이렇게 말씀하신다.

"그는 허물과 죄로 죽었던 너희를 살리셨도다 그 때에 너희는 그 가운데서 행하여 이 세상 풍조를 따르고 공중의 권세 잡은 자를 따랐으니 곧 지금 불순종의 아들들 가운데서 역사하는 영이라 전에는 우리도 다 그 가운데서 우리 육체의 욕심을 따라 지내며 육체와 마음의 원하는 것을 하여 다른 이들과 같이 본질상 진노의 자녀이었더니"(에베소서 2:1-3)

아담과 하와가 창조자 하나님을 배반하고 심판을 받음으로 하나님의 생명에서 분리됨으로써 영은 죽었다. '죽었다'는 생명이 없는 것에 사용된 단어인데, 죽음은 생명의 근원에서 분리되는 것을 말한다. 영과 육체가 분리되는 것을 이 생의 죽음이라고 말하고, 영이 하나님으로부터 분리되는 것을 둘째 사망이라고 성경은 말한다. 나무는 흙에서 뿌리가 뽑히면 죽었다고 말하고, 물고기는 물을 떠나면 죽었다고 말한다. 아직은 살아 있어도 생명의 근원에서 분리되면 죽음은 시간문제다.

에베소서 2장 1절에서 '허물'이란 그리스어는 '파랍토마

(παράπτωμα)'인데, 자신이 저지른 '실수, 반역들'로 번역된다. 생존에 위협을 느낀 상황에서 사람은 실수하고 반역하는 죄를 범한다. 그리고 '죄'는 그리스어로 '하마르티아(άμαρτία)'인데, '목표에서 벗어났다'는 뜻이다.

'하마르티아(άμαρτία)'는 사람이 자기 본질에서 벗어난 죄이며 창조의 뜻과 계획에서 벗어난 상태를 말한다. '하마르티아' 즉 생명의 본질에서 벗어난 영은 살려고 몸부림을 쳐도 살지 못한다. 죽은 자가 살기 위해서는 생명이 공급되어야 한다.

육체의 '욕심'이란 그리스어로 '에피뛰미아(έπιθυμία)'인데, 사전에 의하면 '이 생의 악에서 야기되는 것'이란 뜻으로써, '잘못된 평가, 또는 욕망, 갈망, 충동'으로 번역된다.[37] 죄와 허물로 죽은 영혼은 이 생의 악에서 야기된 평가, 비판, 욕망, 충동을 경험하고 산다. 이런 삶이 생존본능과 욕구를 따른 마음이며 세상의 것들을 추구한다. 이런 상태에서 공중권세 잡은 사탄(또는 귀신)이 자기 정체를 숨기고 사람을 유혹, 충동하고 지배한다(히 2:14-15).

구약시대 이스라엘 백성들도 하나님의 백성으로 부름을 받았지만 여전히 죄와 사망의 권세 아래서 살았다. 그들에게 주어진 율법은 죄와 사망의 질서 가운데서 살게 하는 법이었다. 율법의 제사는 죄와 사망의 질서 가운데서 진행되었고, 짐승의

피는 인류의 허물과 죄를 대속하지 못했다. 구약시대에 모세를 비롯해서 성전에서 섬기는 제사장들도 죽음을 두려워하며 살았고, 유대인들은 율법을 지킴으로 생명을 보존할 수 있었지만 임시적이었다. 그들도 육체의 욕망과 마음에 원하는 것을 따라서 살았는데 하나님의 심판을 두려워하며 살았다.

성경을 보면 베드로의 신앙 고백과 자기를 부인하라는 내용이 있다. 예수님은 베드로와 제자들의 신앙 고백을 들으시고 비로소 십자가에 죽으실 것을 말씀하셨다. 이때 베드로는 자기 이름과 목숨을 걸고 자신이 막아 주겠다고 맹세했다.

필자가 생각할 때는 베드로가 연습하고 준비한 말이 아니라 생존본능에서 나온 말이다. 베드로는 자기 능력을 고려하지 않고 예수님께 수제자로 인정받고 싶은 욕심 때문에 큰소리 친 것이다. 그는 하나님의 뜻과 예수님의 의도를 모르고 오직 사람의 일 즉 자기 생존만 생각했다. 십자가의 길은 하나님의 계획과 인류 구원의 길인데 베드로는 하나님의 생각을 하지 못하고 모든 사람처럼 자기 살길을 찾았다.

사람은 두려움이 생기면 그 두려움부터 해결하기 위해서 반응한다. 길을 가다가 무서운 개를 만나면 심장이 뛰고 몸은 굳어 버리고 더 이상 앞으로 가지 못한다. 사람은 생존 앞에서 본능적인 방어기제가 작동하고 일상에서는 성격이란 가면으로 자기 단점을 가리고 산다. 그리고 자기 의를 나타내고 자랑하며 인정과 존중을 기대하며 산다. 이런 모든 행동과 반응들이 생존본능에 따른 전략들이며 인류가 사는 모습이다.

그런데 하나님은 이런 인류를 영원토록 사랑하시고 근원적인 문제를 해결해 주셨다. 예수님은 태초부터 계셨던 하나님의 독생자이시며 인류의 죄를 대속(redeem)하실 유일한 분이셨다. 예수님은 생존 두려움 때문에 포로 되고 눌린 자를 자유케 하시려고 오셨다(눅 4:18).

생존본능은 자아(ego) 중심적이다.

생존은 타인에게 양보할 수 없는 자기 문제이다. 생존에 위협이 올 때 먼저 자기 살길을 찾는 것은 본능적이며 자연스럽다. 생명체는 생존 앞에서 자아 중심적인 생각과 행동을 한다. 심리학에서 자아 중심성이란 이기적인 사고를 의미하는 것이 아니라 타인이 자신과 동일하게 생각하고 느끼고 지각한다고 여기고 타인의 관점에서 조망하지 못함을 의미한다.[38]

생존에 직면한 사람은 타인의 입장을 고려해 줄 여유가 없다. 이런 자기 중심성은 자기 생존을 위해서 꼭 필요하지만 인격으로 조절하지 못하면 사회와 공동체에서 죄와 갈등을 만든다. 성격 차이로 이혼하는 일은 자기중심적 행동과 생각 때문에 오는 것이며 생존을 위한 선택이다.

교회공동체에서 다툼과 문제들도 옛사람의 욕구들 때문이며 자기 중심성에서 나온다. 자기중심적인 이해와 판단은 신앙과 하나님을 경험하는 일에 있어서 방해물이다. 성령 안에서 살고 하나님을 왕으로 섬길 때는 자기중심적인 판단과 충동으로는 불가능하다.

또한 자아 중심성은 타인을 만나면 비교하고 우열을 가린다. 예를 들면 자기보다 공부를 잘한 사람을 보면 공부 잘한다고 평가한다. 자기보다 부자를 만나면 부자라고 평가한다. 평가하는 기준은 '자기'이며 그 결과에 따라서 시기심과 질투, 교만, 지배욕과 명예욕이 따라온다.

생존경쟁 속에서 살아가는 사람은 타인을 만나면 비교하고 우열을 가려야 다음 대처 반응이 나온다. 이런 일을 하지 못하면 눈치가 없고 세상 살기 힘들다. 신생아의 행동을 관찰해보면 본능대로 반응하는데 철저히 자기 중심적이다.

학교 집단상담 수업 때에 자아 중심적인 이해와 판단에 길들여 있는 우리 모습을 발견했다. 교수님은 집단상담 전에 참여자들에게 주의 사항을 알려주셨는데, 특히 자기 생각과 경험으로 판단하고 조언하는 일을 금하도록 하셨다. 그러나 내담자가 자기 문제를 풀어놓을 때 우리는 자기 경험과 생각을 가지고 판단하고 조언했다. 참여자들은 자신이 경험한 사건을 거울삼아 내담자에게 도움이 되기를 바라는 마음으로 말했지만 내담자는 공감받지 못하고 점차 힘들어했다. 그때 교수님은 상담에 개입하셨는데 "발표자가 그 문제로 얼마나 고민을 많이 했으며 얼마나 노력을 많이 해 보았을까요?"라고 질문하셨다. 계속된 교수님의 설명을 들으면서 우리는 낯 뜨겁고 쥐구멍이라고 있으면 피하고 싶었다.

성경을 보면 교회와 성도들이 믿음과 성령 안에서 새 백성답게 살아가는 모습도 있지만 반대로 여전히 옛사람의 습관을 따라서 자아 중심적인 판단을 가지고 사는 모습도 있다. 가장 대표적인 교회가 고린도교회인데 그들은 자기 중심성에서 나오는 이기적인 자세로 사도바울도 판단하고 정죄한다.

성도들 안에서 지속적인 싸움은 자기중심성과 이기심을 버리고 주님을 왕으로 모시고 순종하는 일이다. 하나님 보다 높아진 견고한 자기 생각을 사로잡고 그리스도께 복종시키는 일은 마음에서 일어나는 생존 싸움이다(고후 10:4-5). 생존본능으로 살아갈 것인가? 아니면 믿음으로 살아갈 것인가? 하는 것은 자기 목숨을 건 싸움이다. 이 싸움의 결과는 멸망과 영생으로 나타나며 하늘과 땅 차이가 난다. 성도들이 자기를 부인하는 일이나 신앙 성장의 과정에서 자아 중심성을 벗어나는 것은 필수다.

생존본능은 자기 의를 세운다.

생존본능은 가장 먼저 생리적인 욕구에 반응하고 그 욕구가 해결된 후에는 공동체와 사회에서 자기 의를 추구하게 된다. 사람은 생리적인 욕구가 해결되어도 죽음과 심판의 두려움은 해결되지 않는다. 사회적 존재인 사람은 사회에서 살아남기 위해서 자기 의를 세우고 명분을 찾아서 행동한다. 명분을 잃으면 자기 행동에 의로움이 깨지고 생존문제로 연결된다.

사람은 생존경쟁 속에서 살아남기 위해서는 사회와 좋은 단체에 소속되고 인정받는 일이 매우 중요하다. 정치인들의 선거에서 소속과 인정받는 일은 당락을 결정한다. 따라서 인격체인 사람은 타인의 시선과 평가를 의식하면서 자기 의를 세우며 살아간다.

에베소서 2장을 보면 허물과 죄로 죽은 사람은 세상 풍조를 따르고 육체와 마음의 소욕을 따라서 살아간다고 되어 있다. 매슬로우는 생리적인 욕구가 해결된 후에는 정신적인 측면에서 욕구(소속, 인정, 칭찬, 자아성취)가 있다고 설명했다. 혼자 있을 때는 의롭게 살지 않다가도 보는 사람이 있으면 의롭게 행동한다.

사람은 무의식에서부터 인정과 칭찬과 존경의 욕구를 가지고 있으며 그 욕구가 채워질 때 기분이 좋아지고 마약처럼 자기 마음을 사로잡는다. 칭찬을 기대하지 않고 선한 동기에서 일을 시작했지만 사람으로부터 칭찬을 들으면 그 다음부터는 칭찬을 기대하게 된다. 특히 자기 의로운 행동을 큰 인물이나 TV, 언론을 통해서 칭찬을 들으면 큰 힘이 되어 더 열심히 의롭게 산다.

칭찬은 사람의 생존 욕구에 부합하기 때문에 자연스럽게 반응하고 기분이 좋아진다. 칭찬을 기대한 사람은 의로운 행동 후에 그 욕구가 채워지지 않으면 나팔을 불거나 불평을 한다. 이것은 본능에서 나오는 생존 반응이다. 하나님은 이런 사람의 행동에 대해서 이렇게 말씀하신다.

"하나님의 의를 모르고 자기 의를 세우려고 힘써 하나님의 의에 복종하지 아니하였느니라"(로마서 10:3)

'의'란 생존을 유지하며 살 수 있는 법적인 선언이다. 하나님의 의를 모르면 사람은 자기 생존을 위해서 자기 의를 세우려고 힘써 노력한다. 죽을 때까지 자기 의를 세워서 심판을 대비하고 두려움을 해소하려고 한다. 이런 모습은 온 세상의 제사장들인 이스라엘 모습에서 쉽게 만나 볼 수 있다.

성경에 선한 사마리아 사람의 비유가 있는데, 예수님이 이 비유를 말씀하신 배경도 자기 의를 세우려는 사람 때문이었다.

"그 사람이 자기를 옳게 보이려고 예수께 여짜오되 그러면 내 이웃이 누구니이까"(누가복음 10:29)

여기에서도 주목해서 보아야 할 내용은 율법사가 예수님께 질문한 동기이다. 그가 예수님을 만났을 때 자기를 옳게 보이고 싶었다. 소문대로 예수님이 메시아일 수 있는데, 그분으로부터 의롭다고 인정받는 것은 매우 중요한 생존문제였다. 이 율법사뿐만 아니라 유대의 종교지도자들은 자기 신분과 의로운 행동을 통해서 인정과 존중을 받아야 했다.

종교지도자가 의롭게 살지 못하면 자기 직위에서 물러나야 하고 그렇게 되면 생존에 필요한 것을 공급하는 특권과 혜택을 잃게 된다. 따라서 종교지도자들도 자기 생존을 위해서 하나님의 눈치와 백성의 눈치를 보고 외식(hypocritic) 했는데 예수님은 그들의 불의를 드러내시고 화(disaster)를 선포하셨다.

이스라엘 백성들에게 주어진 정결법을 생각하면 그들의 행동을 더 이해될 수 있다. 그들은 제사를 드리는 제사장뿐만 아니라 모든 백성들이 율법의 정결법을 따라서 정결하게 살아야 했다.

정결한 사람이 율법에서 금지한 부정한 것과 접촉되면 자신도 부정하게 된다. 부정한 사람이 그 상태로 거룩한 곳에 나가면 언약에 따라서 심판을 받고 죽는다. 따라서 백성들은 타인을 만나면 그들의 정결 상태를 살펴야 했다. 만일 부정한 사람이라면 빨리 알아차리고 멀리해야 자기 정결을 유지하고 언약의 복을 받을 수 있었다. 이 원리 때문에 자신도 타인을 만나면 판단을 받기 때문에 의롭게 산 모습을 보여주고 나팔을 불어야 했다. 자기 의를 세우고 나팔을 불고 타인을 판단하고 정죄하는 모든 일들이 생존 욕구와 관련 있다. 그래서 정결하게 살지 못했을 때는 외식(hypocritic)하는 행동을 할 수밖에 없었다.

그래서 예수님의 설교를 들은 종교지도자들은 욕구좌절로 분노하며 예수님을 죽이는 데 앞장섰다. 자기들의 불의함을 드러내고 화를 선포하신 예수님을 죽이는 것이 자기 생존권 방어 전략이었다. 또 다른 성경에 보면 바리새인들이 성전에서 기도할 때에도 하나님께 자기 의를 자랑하고 옆에 있는 죄인을 정죄한다(눅 18:11).

생존본능과 욕구는 경쟁자를 정죄하여 제거하면 도움이 된다. 예수님은 이들의 습관과 옛사람의 특성을 아시고 새 언약 백성들에게 그렇게 살지 말라고 하신다(마태복음 6장). 예수 그리스도 안에서 죄와 사망의 질서가 끝나고 하나님의 새로운 의가 인류에게 주어지기 때문이다. 하나님의 아들 안에 있으면 이전처럼 율법 행위로 자기 의를 세우고 사람으로부터 인정받을 필요가 없다. 이미 더 좋은 의를 하나님의 아들이 선물로 주시기 때문이다. 사람은 예수님이 주시는 의가 아니면 하나님 앞에서 살 자격이 없다.

"사람에게 보이려고 그들 앞에서 너희 의를 행하지 않도록 주의하라 그리하지 아니하면 하늘에 계신 너희 아버지께 상을 받지 못하느니라 그러므로 구제할 때에 외식하는 자가 사람에게서 영광을 받으려고 회

당과 거리에서 하는 것 같이 너희 앞에 나팔을 불지 말라 진실로 너희에게 이르노니 그들은 자기 상을 이미 받았느니라"(마태복음 6:1-2)

나팔을 분다는 것은 자기 의를 자랑하는 삶이다. 자기 생존을 위해서 의롭게 살아간 일에 대해서 하나님이 천국에서 상을 주실 수 없다. 이런 유대인의 모습은 죄와 사망의 권세에서 살아가는 인류를 대표한다. 생존본능은 자기 의를 세우고 나팔을 부는데, 성도들이 이런 삶에 길들여졌으며 무의식에서부터 영향을 준다. 그런데 예수님은 그렇게 살지 않으셨다. 그분은 이미 자신의 의로우심을 아셨고, 나팔을 불어야 할 이유도 없으셨다.

성도들이 자기 행동의 동기, 마음의 욕구를 살피고 이전 것을 십자가 앞에 내려놓으면 매우 신나고 행복해진다. 자기 마음의 욕구를 살피고 알아차려야 버릴 수 있으며, 구원의 즐거움과 자유와 평안을 경험한다.

필자도 옛사람의 생존 욕구를 알지 못했을 때는 의를 세우고 나팔을 불고 싶은 마음의 욕구와 행동의 동기를 알지 못했었다. 사람에게 잘 보이기 위해서 마음에도 없는 말을 하거나 과도한 친절을 베풀고 착하게 보이려는 행동을 많이 했다. 예수님의 구원을 믿고 새 백성이 되었음을 알고 있었지만 내 마음의 생존 욕구를 알지 못해서 습관처럼 반복하며 살았다. 그러나 옛사람의 본능과 욕구를 안 후에는 성경 말씀이 감동이 되고 나를 살피고 점진적인 변화를 경험하고 있다. 지금도 습관과 무의식에 의해서 의를 세우고 자랑하려고 할 때가 있지만 이제는 그런 내 자신을 살필 수 있고 주님께 곧바로 자백한다.

필자는 옛사람이 자기 의를 세우는 이유와 동기들을 안 후에 복음의 능력을 깊게 깨달았다. 왜 성경은 세상을 이기는 것이 십자가의 복음이며 믿는 자에게 능력이라고 말씀하신 지를 확실히 알았다. 그 이후에는 교회와 성도들에게 세상 자랑과 욕구의 동기를 자세히 설명하며 그 한계와 함께 복음의 능력을 설명하고 있다. 또한 옛사람의 특징과 십자가 복음의 능력을 선포했을 때 눈빛이 달라지는 것을 목격했다. 교회에서 섬기고 수고한 일에 대해서 인정과 칭찬을 해 주지 않으면 처음에는 복잡한 마음을 경험하지만 믿음을 가진 사람은 복음으로 자신을 세운다.

그런데 그렇게 살면 살수록 주님이 귀하고 복음이 귀하고, 변화가 일어난다. 이미 주어진 구원과 복음의 능력을 바라보고 그 믿음 위에 자신을 세우면, 이전과 다른 변화가 시작되고 구원의 기쁨과 자유가 마음에서 흐르기 시작한다. 자기 의를 세우고 나팔을 불어 인정받기를 포기하면, 주님의 구원을 삶에서 이루며 왕 같은 자녀의 삶이 시작된다.

성도들은 자기 의를 포기하고 하나님께서 예수 그리스도를 통해서 은혜로 주신 의를 붙잡고 살아야 한다. 예수 그리스도를 통해서 주신 의가 왕 노릇 하도록 살면 그곳에 전쟁은 사라지고 천국의 평안이 임한다. 교회에서 모든 성도들이 자기 의를 포기하고 예수 그리스도를 통해서 주신 의를 붙들고 살면 하나님의 은혜가 왕 노릇을 한다(롬 5:21).

"사람이 죽을 때가 되면 변한다!"는 말이나 많이 변한 사람에게 "죽을 때가 됐냐?"고 물어보는 것은 생존 욕구를 내려놓음으로 감정이 변하고 행동이 변하기 때문이다. 성도들이 자기 의를 세우고 인정받으려는 욕구를 내려놓으면 성격과 신앙의 삶이 변한다. 만일 성도들의 삶에 기쁨과 평안과 감사가 사라진다면 자기 욕구를 스스로 점검해야 한다. 성도들이 십자가의 복음을 붙들 때마다 그리스도의 의로 자신을 세울 수 있으며 그러면 성도들의 마음과 삶은 죄와 사망의 영향력에서 자유롭게 되고 해방된다. 수많은 믿음의 사람들은 생존 욕구에 의해서 자기 의를 포기하고 주님이 주시는 의의 옷을 입고 주와 동행하고 있다.

자기 삶에 본능적인 욕망들을 살펴보자. 그리고 생존본능의 특성들이 자기 삶을 어떻게 지배하고 있는 것을 살펴보자. 욕심이 죄로 장성하게 하지 않는 것은 성도들의 몫이다.

"욕심이 잉태한즉 죄를 낳고 죄가 장성한즉 사망을 낳느니라"
(야고보서 1:15)

(정답과 결론 도출 또는 논쟁하지 말고, 자기 생각을 정직하게 나누고 서로 경청하며 성령님의 음성을 들으세요.)

1) 성격이 본능에 기초한 이유는 무엇인가?

2) 자아 중심적인 삶의 유익함과 폐해는 무엇인가?

3) 자기 의를 세우고 나팔을 부는 사람을 볼 때 어떤 마음이 드는가?

4) 자기 의를 세우고 나팔을 불고 싶을 때 어떻게 하면 좋을까?

5
본능과 하위 유형

본능은 3가지 하위 유형으로 나타난다.

사람은 생존본능을 다양한 모습으로 추구한다. 에니어그램
에서는 성격과 본능을 구별하고 상호작용을 자세히 다룬다.

한 사람의 성격은 9가지 주된 성격의 특징과 3가지 하위 유
형을 고려할 때 좀 더 정확하게 이해된다. 사람의 성격유형을
찾을 때도 본능을 고려하고 이해되어야 하며 3가지 하위 유형
을 고려하지 않으면 성격특성에서 혼돈을 일으킨다.

사람의 성격과 본능이 상호작용하면 성격이 본능에 영향을
받아서 다른 성격처럼 행동한다. 본능은 성격보다 더 깊은 곳
에 머물러서 성격에 영향을 주면서 위기 때는 성격과 상관없이
강력하게 마음과 행동을 지배한다.

에니어그램에서는 사람의 본능을 3가지 양태로 분류하고 이

본능적 변형을 '하위 유형'이라고 부른다.[39] 3가지 하위 유형은 '자기보존 본능, 일대일 본능(혹은 성적본능), 사회적 본능'이다. 대부분의 사람은 세 가지 본능 중에서 하나가 가장 많이 발달하고 세 번째 본능은 가장 적게 발달하고 두 번째 본능은 첫 번째 본능과 비슷한 수준으로 발달할 수도 있다.[40]

에니어그램 이론에 따르면 세 가지 본능의 형태는 모든 개인 안에 존재하지만, 그 중 하나가 우세하게 영향을 주고 개인의 행동은 이 본능에 의해서 근원적인 지배를 받는다. 3가지 하위 유형은 자기 생존에 모두 필요한 것이며 적절하게 잘 사용해야 세상을 살아가는데 유익하다.

3가지 하위 유형 중에서 자신이 잘 사용한 것은 자신을 보호하는데 유익하고 사용하지 않는 본능은 약점이 된다. 각 나라와 도시나 가정 또는 시대 상황, 문화와 사회의 기대치에 따라서 하위 유형의 가치와 평가가 다를 수 있다. 즉 밀림 지역에 사는 원주민들이나 후진국과 선진국에서 살아가는 사람들 사이에는 하위 유형의 모습을 다르게 평가할 수 있다.

시대와 문화에 따라서 하위 유형의 기대와 평가가 다르다. 그런데 세 가지 하위 유형 모두 자기 생존전략이란 공통점이 있다. 그리고 사람의 성격과 하위 유형이 상호작용할 때 본래 자기 성격과 반대되는 반응을 일으키는데 이것을 '역유형'이라고 부른다.

예를 들면 7, 8, 9유형의 사람이 사회적 본능을 사용하면 역유형의 특징이 나타난다. 이럴 때는 자기 본래의 성격과 다르게 사회에 참여하고 희생하는 일을 한다. 7번 유형은 자기 재미를 포기하고 사회와 단체를 위해서 '희생'한다. 8번 유형은 힘과 능력을 자기를 위해서 사용하지 않고 사회와 단체에 사용하고 '연대'한다. 9번 유형은 자기 평안과 안락을 포기하고 사회와 단체에 '참여'한다. 또한 1, 5, 6유형이 일대일 본능을 사용하면 역유형의 특징이 나타나며, 2, 3, 4유형이 자기보존 본능을 사용하면 역유형의 특징이 나타난다.

모든 사람의 성격은 하위 유형과 상호작용하여 자기 성격을 더 강화하기도 하고 반대로 자기 성격과 반대되는 행동을 보인다. 사람이 기질로 물려받은 재능으로 본질에 합당하게 살아가면 기쁘고 에너지가 쏟아지지만 본능에 의해서 역유형으로 살아가면 마냥 기쁠 수 없는 생존 전쟁을 겪는다. 모든 사람이 생존본능과 욕구를 가지고 있으며 때로는 무의식에서 근원적으로 삶을 지배하기 때문에 이것을 이해하고 알아차릴 필요가 있다. 이 하위 유형의 내용은 최근에 책이 번역 출간되었으므로 그 책을 참고하면 많은 정보를 얻을 수 있다.

그래서 한 개인의 성격을 이해하려면 기본 유형, 날개, 화살표 방향, 그리고 본능을 결합해서 이해해야 하고 발달수준까지 생각해야 하는 복잡하고 쉽지 않은 일이다. 거기에 종교를 가진 사람은 영성의 깊이나 영적인 상태에 따라서 또 영향을 받는다.

사람의 보이는 행동은 단순한 성격만의 문제가 아니며 쉽게 판단할 수 없는 복잡한 동기들이 깊은 곳에 감추어져 있다. 따라서 먼저는 자기 성격과 변형들을 이해하고 생존본능과 욕구, 그리고 하위 유형들을 이해할 필요가 있다.

성도들은 자기 마음의 체계를 이해하고 성격과 본능과 욕구들을 이해하면 자기가 버려야 할 것과 붙잡아야 할 것들을 알게 된다. 성도들은 복음과 성격을 이해함으로써 성격이 변하고 신성한 성품으로 살 수 있다. 성도들은 자기 신앙과 영성을 알기 위해서는 마음의 감정과 욕구를 살펴야 한다. 감정을 살피면 욕구를 알아차리게 되고, 욕구를 알면 신앙과 본능 또는 성격 행동을 알 수 있다. 아는 만큼 보이고 알아야 고칠 수 있기에 자신을 아는 것은 변화의 초석이다.

항상 기뻐하고 쉬지 말고 기도하고 범사에 감사하는 삶은 그리스도 예수 안에서 우리를 향한 하나님의 뜻(살전 5:16-18)인데 욕구에 따라서 열매가 결정된다. 자유와 평안, 기쁨은 성령 안에서 살아가는 자기 영적인 상태를 살필 수 있는 시금석이다(살전 5:16-18, 롬 14:17). 이제 유형에 따라서 하위 유형이 어떻게 영향을 주는지를 간단하게 살펴보자.

자기보존 본능

자기보존 본능은 자기 생존을 위해서 물질적 안정에 초점을 맞춘다. 이 본능을 사용한 사람은 신체적 안전과 안락을 얻고 그것을 유지하는데 많은 관심을 두며 본능적인 반응을 한다. 이러한 문제는 이들에게 가장 중요하며 이것들을 추구함에 있어서 삶의 다른 영역들은 어려움을 겪을 수 있다.[41] 즉 자기보존 본능을 강하게 사용하면 일대일의 관계나 사회적 역할에서 약점을 보인다. 이런 사람은 자기 건강에 예민한 반응을 보이고 건강을 해치는 상황에 곧바로 대처한다.

매슬로우는 사람의 욕구 중에서 생리적인 욕구가 가장 기본적인 욕구라고 했는데, 자기보존 욕구를 가진 사람들에게서 많이 나타난다. 이들은 '건강을 잃으면 모든 것이 끝이다'는 생각을 갖고 살며 무의식에도 자기 건강을 돌보는 일을 잘한다. 이들은 자기 건강을 위해서 음식이나 운동을 스스로 잘 조절하고 몸의 건강 신호를 잘 따른다. 자기 몸이 아플 때 빠르게 대처하고 병원을 찾고 의사의 말을 잘 따르고 약을 잘 챙겨 먹는다.

그런데 자기보존 본능을 사용한 사람이 건강하지 못한 상태가 되면 신체에 지나치게 신경을 쓰거나 음식과 건강 문제에 집착한다. 건강에 집착하면서 자신 안에 두려움을 만들고 지나친 걱정과 스트레스로 인해서 오히려 건강을 해친다.

성장 과정에서 건강과 생명의 위협을 크게 경험한 사람은 자기보존 본능을 강하게 사용할 수밖에 없다. 어릴 적에 건강과 생명에서 트라우마가 생기면 자기 의지와 상관없이 건강에 집착하고 두려워한다. 이런 사람은 본능적으로 자기보존 본능을 많이 사용하게 된다. 이들의 모습은 때로는 사회성과 윤리가 낮은 사람으로 보이며 이기적으로 보인다.

반대로 자기보존 본능이 매우 약한 사람은 어떻게 살까? 자기 삶에서 건강의 기본적인 욕구를 무시하며 건강관리에 실패하고 그 후에 자기 건강을 돌보지 않음에 대해서 후회한다. 몸은 계속해서 건강의 신호를 보내는데 이 신호를 무시하면 건강을 잃게 된다. 자기 건강에 대해서 가장 관심을 가져야 할 사람은 자신이며, 자기 몸은 자신이 관리해야 한다. 건강을 잃으면 많은 것을 잃게 되고 그 고통은 자신이 가장 많이 받는다.

자기보존 본능을 장 유형의 성격에 적용하여 생각해 보자. 능력을 추구하는 8번 유형의 사람이 자기보존 본능을 사용하면 어떻게 살아갈까? 자기 능력을 가지고 욕구를 해결하고 만족감을 느끼며 살 것이다. 탁월한 감각과 재능을 통해서 자원을 확보하고 자기 건강을 위해서 비싼 건강 의료기나 건강 보조식품들도 잘 구입한다.

장 유형으로 몸을 사용하는 것을 좋아하기 때문에 헬스나 운동을 통해서 건강을 관리한다. 자기보존 본능을 사용한 사람은 아침 식사의 중요성을 역설하며 가족들에게도 아침을 챙겨 먹게 한다. 이들은 식사를 기다리다가 늦어지면 분노감정을 버럭 쏟아낸다. 수중에는 넉넉한 돈이 있기 때문에 마사지를 받을 때 자기 욕구에 딱 맞아서 좋아한다. 이들은 건강검진을 받는 것을 중요하게 생각하고 병원을 잘 이용하지만 내면에 두려움이 크다.

병원에서 검진을 받거나 치료를 받을 때 이들에게 찾아온 두려움의 근원은 무엇일까? 이들의 두려움은 타인에게 통제받는 것인데, 치료 때 고통 자체보다는 만일 잘못돼서 건강을 잃게 되면 그 후에 나타날 삶이 두렵다. 건강을 잃게 되면 능력도 잃게 되고 타인에 의해서 통제받게 되는데 이런 일은 8번 유형이 견디기 힘든 두려움이다. 8번은 타인에게 통제받거나 간섭받는 것을 싫어하지만 자기보존 본능을 사용한 사람은 자기 건강을 지키기 위해서 한 발 뒤로 물러설 수 있다. 그러나 이럴 때 자기 핵심가치와 충돌이 일어나기 때문에 마음은 결코 기쁘거나 편하지 않다.

만일 이들이 생리적인 욕구를 해결할 돈과 능력 또는 자원이 없다면 어떻게 행동할까? 죽을 만큼 힘들고 두렵고 자존심이 무너진다. 이럴 때는 스트레스 방향인 5번처럼 외출을 줄이고 홀로 칩거한다. 이들은 능력이 없으면 타인에게 통제받는다는 것을 알기 때문에 타인을 만나려고 하지 않는다. 이럴 때 8번 유형의 사람이 얼마나 비참한 마음을 갖고 있을지를 알 필요가 있다. 자기보존 본능을 사용하는 8번 유형의 사람은 건강을 잃거나 생활에 필요한 자원이 떨어지면 죽음과 같은 두려움에 직면하게 된다.

　평화적인 가치를 추구하는 9번 유형이 자기보존 본능을 사용하면 어떻게 살아갈까? 자기 몸의 건강과 평화를 유지하는 것이 매우 중요하기 때문에 집안의 구조도 자기 몸이 편하도록 배치한다. 소파에 편한 자세로 누워서 TV를 켜놓고 옆에는 먹거리를 챙겨놓은 그림이 전형적인 모습이다.

　많은 일을 하기보다는 쉬어가며 일을 하며 쉴 때는 먹는 일을 즐긴다. 돈을 벌면 적당한 간식을 항상 준비해 두며 스스로 건강을 잘 챙긴다. 이들은 타인과의 평화를 추구하고 함께 지내는 것을 좋아하지만 자기 건강을 지키기 위해서라면 혼자서도 식당에 잘 간다. 자기 건강을 챙기고 잘 쉬고 잘 먹기 때문에 이들의 체격은 큰 사람이 많다. 이들은 몸이 작아서 타인에게 무시당하는 것을 싫어하기 때문에 자기 몸 관리를 잘한다.

　이들은 장 유형으로서 운동을 잘하는데 과격한 운동은 싫어한다. 평화의 가치와 자기 건강을 지키려는 본능이 맞물려서 신체접촉이 심하거나 몸이 다칠 만한 일은 하지 않으려고 한다. 이들은 자기 건강을 해칠 만한 일이나 직업도 꺼린다.

　완벽을 추구하는 1번 유형의 사람이 자기보존 본능을 사용하면 어떻게 살아갈까? 자기 신체도 완벽한 것을 추구하고 건강상태나 비만 등 흠잡을 것이 없도록 관리한다. 자기가 해야 할 일 중에서 건강과 관련된 일은 책임감을 가지고 완벽하게 추구한다. 몸의 건강에 대해서 불안과 걱정이 많고 의사나 전문가의 지시사항을 잘 따른다.

이런 성실한 모습은 6번 유형의 성격과 흡사하게 보이며 구별하기 어렵지만 내면의 동기가 조금 다르다. 건강의 민감한 반응과 자기 관리가 철저한 것은 1번과 6번이 비슷하지만 마음의 욕구와 두려움에서 차이가 있다. 안전이나 건강에 있어서 6번은 타고난 재능이며, 1번은 본능에서 나온 것이다.

6번의 핵심가치는 생명과 안전이며 그것을 지켜가기 위해서 성실하지만 1번 유형은 자기 몸이 아플 때 타인으로부터 비판받을 것을 두려워한다. 그래서 1번 유형은 자기 몸에 문제가 생기면 자기 부족함을 인정하기보다는 남의 탓하기가 쉽다. 자기의 부족함을 비판받지 않기 위해서 타인에게 책임을 전가하거나 비판하려는 욕구가 올라온다. 이들은 일상에서 자기 건강을 해칠 만한 일이 생기면 두려움이 생기고 주위 환경을 통제하려고 잔소리가 심해진다. 자기 건강을 해칠만한 것을 모두 해소하고 깔끔하고 안전한 환경을 만들면 핵심가치와 욕구에 일치해서 마음이 편하고 기분도 좋아진다.

일대일 본능

일대일 본능은 '성적본능'이라고도 한다. 그런데 그렇게 사용할 때는 듣는 사람이 성적인 이미지나 섹시함에 초점을 맞추고 이해하려는 경향이 있어서 최근에는 '일대일 본능'이란 용어를 사용한다.

이 본능은 일반적인 성적인 연결의 형성과 유지에 집중하는 모습을 포함하여 더 넓게 대인관계의 매력이나 일대일 유대관계를 향한 에너지를 지향한다. 또한 사람이 모여 있는 곳에서 자신에게 흥미로운 사람이 있는가를 살피며 일대일의 관계에서 유대관계를 깊게 할 사람을 찾는다. 그래서 이들은 곳곳에 자신에게 도움이 될 사람을 만들어 놓으며, 인간관계에서 마당발로 통한다. 이 본능을 사용한 사람은 각 유형의 사람과 연결된 일대일 유대관계를 통해서 행복감을 찾는다.[42]

세 가지 본능 중에서 일대일 본능을 많이 사용한 사람은 물질적인 자원을 확보하는 이유가 자기 건강과 안정을 추구하기보다는 특별한 사람에게 그 자원을 사용하기 위함이다. 이들은 일대일의 친밀한 관계를 형성하고 생존의 두려움이 생길 때 그들의 도움을 받아서 해결하려고 한다.

그래서 이들은 일대일의 관계 안에서 자기만족과 행복을 추구하고 자기 인맥을 자랑한다. 연예인이나 정치인 등 유명 인사를 알고 지내며 그들의 전화번호를 가지고 있다. 그들과 친밀한 사이로 지내며 그들의 도움을 받을 수 있음을 자랑한다. 이렇게 유명한 인사나 능력 있는 사람과 특별한 관계를 맺는 사람은 생존의 문제가 발생할 때 큰 도움이 된다.

한국 사회에서 법조계나 정치계 심지어 병원 수술과 입·퇴원에 이르기까지 인맥은 중요한 생존자원이며 능력이다. 후진국으로 갈수록 인맥을 통해서 해결되는 일이 많고 일대일의 관계망이 넓으면 취업이나 승진에 유리하다.

그러나 건강하지 못한 상태에서 일대일 본능을 사용하면 특별한 사람에게 집착하게 된다. 집착은 자신과 타인의 자유를 빼앗고 자신이 원하는 좋은 관계를 깨뜨린다. 일대일의 관계에서 만족과 안정을 누리는 욕구만큼 사람을 피하는 성향도 그것을 추구하는 것만큼이나 강력하다. 건강하지 못한 사람은 일대일의 관계에서 자신이 타인에게 원하는 욕구만큼이나 타인과 친숙해지기 어렵다.

발달수준이 낮거나 건강하지 못한 사람의 인맥은 작고 타인에 대한 기대와 보상심리는 크다. 이들이 실제로 자기 기대를 충족할 수 없다는 것을 경험하면 두려움이 커지고 자연스럽지 못한 행동과 요구를 한다.

자신이 원한 일대일의 관계를 맺는 사람과 관계가 깨지면 자괴감과 수치심이 올라오며 공격하거나 다른 대상을 찾는다. 이들은 자기 삶에 익숙하지 않은 것이 많으면 불편해하기 때문에 일상에 매몰되는 경향이 있다.[43] 그래서 건강하지 못한 사람은 일대일의 관계를 맺는 일이 어려워서 일상에서 익숙한 것만 한다. 이들은 소수의 사람에게만 일대일의 관계성을 유지한다.

일대일 본능을 가슴형의 성격유형에 적용해서 생각해 보자. 사랑을 베풀고 섬기고 사는 일이 핵심가치인 2번 유형의 사람이 일대일 본능을 사용하면 섬김이 엄청나게 강화된다.

자신이 생각한 특정한 사람에게 물불을 가리지 않고 헌신하고 필요를 채워준다. 사람들은 이들의 열정과 헌신에 감동을 받고 매력에 빠져서 그의 파트너가 된다. 그리하여 확실한 자기편을 만들고 필요할 때 도움을 받을 수 있지만 그런 과정에서 돌봄을 받지 못한 가족들은 상처를 받는다.

이들의 섬김에는 성격과 생존본능이 함께 작동하기 때문에 센스가 뛰어나고 엄청 열심히 섬긴다. 또한 자신이 열정으로 섬긴 것들을 기억하며 본능적으로 상대에게 합당한 사랑을 기대한다. 그러다가 그 기대가 무너지면 섬김과 욕구가 큰 만큼 상실감도 커진다. 이들은 자기 기대가 무너지면 견디기 힘든 배신감과 수치심에 사로잡히고 공격을 시도할 수 있다.

2번이 8번의 에너지를 가지고 공격하면 상대의 강점을 무차별 공격하여 약점이 되게 한다. 건강하지 못한 2번 유형은 자기 형편을 고려하지 못하고 집착하며 폭풍 섬김을 베푸는데 상대는 부담을 느끼고 도망간다. 이럴 때 일대일 본능을 사용한 2번 유형은 사랑을 받고 싶은 마음과 생존본능이 결합되어서 큰 갈망을 가지고 다른 사람에게 시선을 돌리고 섬기기 시작한다.

3번 유형의 사람이 일대일 본능을 사용하면 어떻게 행동할까? 본능적으로 성공의 통찰력과 효율적인 방법을 알고 있기 때문에 일로써 도와주고 성공시킬 수 있다. 이들이 일대일 본능을 사용하면 자신에게 도움이 될 만한 사람을 찾고 일과 성공의 카리스마를 가지고 상대를 자기편으로 만든다.

이들의 탁월한 재능과 감각을 들으면 도움을 받고 싶은 마음이 든다. 또한 도움을 받는다면 공부나 사업에서 성공할 수 있는 큰 행운을 얻게 된다. 이들은 일대일의 사람을 통해서 돈이나 명성을 얻기보다는 타인에게 특별한 사람임을 인정받고 싶어 한다. 이들은 일대일의 관계를 돕고 성공했을 때 그들이 자기 이름을 거론해 주고 인정해 주는 것을 기대한다. 만일 자기 욕구가 좌절되면 배신감이 올라와서 상대를 망하도록 공격할 수 있다. 3번은 공격형이기 때문에 상대의 급소를 공격하여 빠르게 망하게도 할 수 있다. 이들은 심지어 자신보다 위에 있는 사람에게도 그의 약점을 공격하여 망하게 할 수 있다.

발달 수준이 낮고 건강하지 못한 사람이라면 타인을 도울 때 경험이 부족하여 실패할 확률도 높다. 이들은 성공의 감각과 재능이 뛰어나지만 경험이 부족하면 이론가에 불과할 수 있다. 이럴 때 자기 실수나 실패를 인정하는 일은 죽는 것만큼이나 힘들기 때문에 자기 실수를 인정하지 않는다.

특별함을 추구하는 4번 유형의 사람이 일대일 본능을 사용하면 어떻게 살아갈까? 본능적으로 자기 특별함을 알아주고 인정해 줄 수 있는 사람을 찾아간다. 이들은 일대일의 관계를 맺는 사람을 살피고 그에게 특별한 경험이나 선물을 제공한다. 자기 매력을 보여주고 반응을 이끌며 특별한 시간들을 함께 보낸다. 이들은 특별함을 보는 눈이 탁월하며 타인이 보지 못한 아름다움을 볼 수 있고 표현력도 뛰어나다.

이런 멋진 모습에 빠져들면 상대는 친구가 되고 일대일의 관계를 형성하게 된다. 이들에게 특별한 대접을 받은 사람은 마음이 활짝 열리고 이들의 전략대로 친한 사람이 되고 좋은 관계를 맺는다. 이들은 자기편이라고 생각되면 특별한 감정을 노출하고 위로와 인정받기를 원한다. 상대가 자기감정과 마음을 알아주고 반응을 해 줄 때 하늘을 날아가는 것처럼 행복해진다. 그러나 이들은 자기 마음과 특별함을 노골적으로 드러내거나 요구하지 않고 자기만의 특별한 방식으로 나타내기 때문에 그들의 마음을 만족시켜 주기가 쉽지 않다.

이들의 근원적인 죄는 '시기심'인데 일대일의 관계를 맺는 사람과도 언제든지 경쟁심과 시기, 질투가 올라오며 우월감이나 우울감에 빠져든다. 건강한 사람은 일대일의 관계에 집착을 하지 않고 많은 사람들에게 관심을 가지고 일대일의 관계를 넓혀간다.

필자가 주변에서 본 사람 중에는 4번 유형의 사람이 건강할 때 매우 긍정적이며 밝게 살아가는 모습을 보았다. 외모에서도 특별한 표현들이 있고 아름답고 밝은 감정이 얼굴에 가득했다. 필자는 건강한 4번이 7번 유형의 사람보다 더 밝고 기쁘게 살아가는 사람을 본 적이 있다. 그러나 건강하지 못하고 발달 수준이 낮은 사람은 일대일의 관계를 만나면 하소연을 많이 하고 자기감정에 함몰되어 행동한다. 이들의 감정을 이해하기 어려워지면 타인은 견디지 못하고 도망가 버린다. 이들은 타인이 이해할 수 없는 감정 수준에서 살아가면 슬픔에 잠기고 일대일 관계도 자주 바뀌게 된다.

사회적 본능

사회적 본능은 사회 집단 안에서 소속, 인정, 관계에 초점을 맞추어 행동한다. 이 본능을 가진 사람은 집단 내의 다른 구성원들이 집단에서 얼마나 힘을 가졌는지, 위치가 어디인지에 주의를 기울인다.[44]

자기가 의식하지 않아도 이런 반응들이 자동으로 되는 사람이라면 사회적인 본능을 사용한 사람이다. 세 가지 본능 중에서 사회적 본능을 가장 많이 사용한 사람은 물질적인 자원을 확보해서 사회에 사용하고 사회나 공동체에서 중요한 위치에 서게 될 때 안정감을 느낀다.

이들은 사회의 여러 단체들에 참여해 대표나 단체의 장이 되어 자원을 사용하는 것을 좋아한다. 이들은 성공, 명예, 인정,

리더십 등에 관심이 많으며 자신보다 더 큰 그룹을 선호한다. 이들은 세상에서 일어난 일과 타인과 관계를 맺는 일도 좋아하는데 그 내면에는 사회적인 본능이 깔려 있다. 이들은 일대일의 친밀한 관계보다 그 사람을 통로로 해서 힘과 능력을 발휘할 수 있는 사회적인 역할에 관심이 크다. 이들이 사람을 바라볼 때도 사회적인 위치나 역량을 중요한 기준으로 삼는다.

사회적 본능을 가진 사람은 그 욕구를 이루기 위해서 꿈이 크며 사회적으로도 성공한다. 이들은 사회에서 칭찬을 많이 듣고 성공했다는 평가를 받을 때 존재가치와 행복을 느낀다. 사회에서 높은 위치에서 봉사하고 인정받는다는 것은 생존에 매우 유리하다.

사회에서 리더가 되고 단체의 장이 된다는 것은 생리적인 문제 해결뿐만 아니라 생존에 문제가 생겼을 때 자신이 소속된 단체의 힘으로 해결 받을 수 있다. 어느 사회에서든지 가장 높은 권력을 가지면 자기 생존을 위협하는 사람을 쉽게 제거할 수 있으며 주어진 힘과 특권으로 생존에 안정을 가져온다.

발달 수준이 높고 건강한 사람은 자신이 맡은 단체나 공동체에서 많은 일을 하며 성취하면서 만족한다. 건강하지 못한 사람이 사회적 본능을 사용하면 자기 힘과 능력보다 과도하게 봉사하고 기만한 행동을 한다. 자신보다 능력이 작은 사람이나 단체를 만나면 무시하고 멀리한다. 사회적 본능을 사용하는 사람은 사회에 관심이 많고 문제를 인식하지만 자기 능력이 작을 때는 반사회적이며 사회에 분노를 나타낸다. 이들은 다른 사람과 어울리지 못하며 다른 단체의 힘과 성과를 보고 두려워한다. 동시에 사회적인 연결로부터 자신을 분리할 수 있는 능력도 없다.[45] 이들은 사회에서 중요한 역할을 감당하지 못함으로 인해서 인정받지 못하면 단체의 도움을 받지 못하기 때문에 두려움을 갖는다.

사회적 본능을 머리형의 성격에 연결하여 생각해 보자. 지식이 없으면 불안하고 두려워하는 5번 유형의 사람이 사회적 본능을 사용하면 학자로서 살기에 안성맞춤이다. 항상 필요한 정보와 지식에 민감하며 탁월한 인지능력과 분석 능력을 가지고 공동체나 단체에서 공유하는 것을 기뻐한다.

본래 5번 유형은 자기 지식이나 정보를 공유하는 것을 싫어한다. 왜냐면 공유하면 자기 지식은 특별한 것이 되지 못하고 그것은 자기 존재가치를 떨어뜨리기 때문이다. 그러나 사회적인 본능을 사용한 사람은 자기 지식을 사회의 발전과 자기 역할을 위해서 사용해야 된다고 생각한다.

이들은 지구 환경이나 대의명분에 관심이 높으며 그에 관한 전문적인 지식을 추구하고 정보를 제공한다. 만일 사회적 본능을 가진 사람이 일대일로 만나서 정보나 지식을 제공한다면 그 사람을 통해서 사회에서 중요한 일원이 되고 싶은 욕구 때문일 것이다. 건강한 사람은 일상에서 사회에 필요한 영역들을 연구하고 정보와 지식을 제공해서 사회를 건강하고 밝게 만드는데 일조를 한다.

발달수준이 높은 사람은 뛰어난 정보와 지식을 가지고 있으며 자신감도 충만하다. 자신에게 부족한 정보나 지식을 느끼면 더 깊게 연구하여 다음에는 해결책을 내놓을 수 있다. 사람들은 이들의 지식과 정보에 감탄하며 존경하게 되는데 이들이 기대하는 바이다. 따라서 이들은 사회에서 인정하는 공영방송이나 단체에서 자신을 인정하고 강사로 섭외할 때 기뻐하고 행복을 느낀다.

그러나 건강하지 못한 사람은 부정적인 지식에 관심이 더 많으며 불평할 내용에 대해서 정보를 많이 모은다. 이들은 지식과 정보를 찾고 분석하는데 탁월한 능력이 있기 때문에 부정적인 내용에 대해서도 탁월한 재능을 발휘한다. 이들은 사회에 많은 관심을 가지고 있지만 자기 욕구를 채울 수 없음을 알고 부정적인 생각과 감정을 가지고 살게 된다. 또한 이들은 비록 자신이 정확한 정보를 가지고 사회나 리더들을 공격하지만 정작 자신에게 맡겨주면 두려워서 피하게 된다.

5번 유형은 '움츠림' 유형인데 발달수준이 낮으면 두려움 때문에 지식을 사용해 본 경험이 부족하고 자신감도 부족하다. 많은 5번 유형들은 범상치 않은 전문지식을 가지고 있지만 자기 지식을 확신하지 못하고 움츠러들고 사용하지 못한 경우가 많다. 본래 정보나 지식은 항상 부분적이며 완벽하지 않기 때문에 반대 의견이나 다른 의견과 충돌이 일어날 수 있는데, 발달수준에 따라서 반응이 다르다.

안전과 생명의 민감성을 가진 6번 유형의 사람이 사회적 본능을 사용하면 어떤 행동을 할까? 자기가 맡은 일에 성실하고 매우 안정적이며 공동체에 피해를 주는 일을 하지 않으려고 노력한다.

이들은 탁월한 감각으로 공동체나 단체의 안전을 위협하는 일을 미리 알아차린다. 자신이 일하는 곳을 청결하게 하고 모두의 건강과 안전을 위해서 적절한 장치들을 마련해 둔다. 이들은 의존형이기 때문에 자기 선한 양심과 내면의 규칙을 잘 따르고 필요할 때 전문가를 의존한다. 만일 단체의 대표자가 규칙을 어기거나 모호한 행동을 한다면 가만히 앉아서 구경하고 있지 않을 것이다. 그 일이 단체의 안전과 생명에 위협을 주는 일이라면 직접 공격하지는 않고 신뢰할 만한 사람에게 도움을 요청한다. 이들은 사회복지나 건강 또는 안전과 관계된 직업을 선택하면 보람되고 힘이 난다. 이들은 의존형이기 때문에 사회에서 리더가 되는 것을 싫어하지만 사회적인 본능을 사용한 사람은 리더 역할도 한다.

건강한 6번 유형은 안전의 두려움과 생존본능이 결합하면 안전을 강화하고 모두의 안전을 생각하고 실천한다. 이들이 대표가 된다면 무리한 도전을 하지 않고 안전한 일을 선택할 것이다.

건강하지 못한 사람은 자신이 생각한 두려움이 실제가 아니고 일어날 가능성이 적어도 주변을 통제하게 된다. 그렇게 되면 사회나 공동체 구성원들은 불필요한 긴장과 스트레스를 받고 발전을 향하여 나가지 못하게 된다.

재미를 추구하고 기쁨을 찾아내는 7번 유형이 사회적 본능을 사용하면 어떤 행동을 할까? 단체에서 대표가 된다면 회원들이 행복해하는 것을 목표로 헌신하고 자기 재치와 에너지를 사용한다.

이들은 공동체나 단체에 더 나은 세상을 상상하고 이상주의적인 비전을 제시하며 격려한다. 이들은 자기 재미와 기쁨보다는 사회나 공동체의 재미와 기쁨을 추구하고 오히려 자신을 희생한다. 그래서 7번 유형의 사람이 사회적 본능을 사용하면 '역유형'이 된다. 사회가 밝아지고 공동체가 재밌고 기뻐하는 것을 기대하며 자신의 행복과 존재가치를 느낀다. 필자가 생각할 때 이런 사람은 개그 프로그램의 피디가 된다면 최고로 잘할 것 같다.

발달 수준이 높은 사람은 자기 상황을 살피며 계획을 잘 짜고 사회의 리더로서 자기를 희생한다. 반대로 발달 수준이 낮은 7번이 사회적 본능을 사용하면 계획성이 떨어지고 무책임한 행동을 한다. 이들은 사회나 공동체의 재미를 위해서 충동적이거나 비상식적인 계획을 세워서 일처리가 깔끔하지 못하고 인정받지 못한다.

 이렇듯 사람의 성격과 본능을 고려해서 관찰하면 사람의 행동이 더 구체적으로 이해가 되고 집착하는 내용도 예측할 수 있다.

 필자의 경험에는 사람의 성격을 이해할 때 먼저 유형을 분별한 후에 하위 유형을 분별하는 것이 쉬웠다. 또 어떤 사람의 성격과 하위본능 중에서 성격은 외모나 말하는 것, 두려움, 작은 습관을 보아도 파악이 가능하지만 본능은 많이 지켜보아야 알 수 있었다.

 9가지 성격과 3가지 하위 유형을 조합하면 29가지 특징이 나타나지만 필자는 샘플링으로 9가지만 설명했다. 사람이 자기 성격과 역유형의 본능을 알면 자신의 행동방식과 일상의 습관이 보인다. 하위 유형에 대한 더 자세한 내용은 비어트리스 체스넛 박사의 저서 「에니어그램 27가지 하위 유형」을 통해서 자세한 정보를 얻을 수 있다. 하위 유형 키워드를 정리하면 아래와 같다.

구분	자기보존 본능(sp)	일대일 본능(sx)	사회적 본능(so)
1유형	걱정, 근심, 완벽	열의, 개혁(역)	비적응, 정직, 모범
2유형	특권(역)	공격, 유혹,	야망, 야심
3유형	안전(역)	카리스마, 매력	명성, 명예
4유형	불굴, 고집(역)	경쟁, 증오	부적합, 수치
5유형	은둔	자신감(역)	토템-신성한 상징, 우상

6유형	온유, 따뜻함	아름다움, 강함(역)	의무
7유형	피암시성, 방어	회피	희생(역)
8유형	만족, 생존	소유	연대, 의리(역)
9유형	식욕	연합, 융합	참여(역)

표 〈하위 유형 키워드〉[46) 참고 : (역)은 역유형

　3가지 하위 유형의 모습은 모두 필요하지만 사회적인 본능을 사용하는 사람은 그릇이 크고 사회적으로 인정을 받는다. 그러나 자기 생존을 위한 전략이라는 측면에서 본질은 같으며 본능을 추구하는 방식의 차이가 있다.

　누구나 본능을 사용하지만 하위 유형에서 하나의 본능만 사용하면 다른 부분에서 문제를 낳는다. 성도들은 이런 하위 유형의 특징을 자신에게 비추어서 자기 삶을 이해하고 복음으로 조정할 수 있어야 한다. 성도들이 믿음과 성령을 따라서 살아갈 때 3가지 하위 유형을 하나님의 통치와 사명의 도구로 사용한다.

　성숙한 성도는 개인의 몸과 마음도 관리를 잘하며, 타인을 존중하고 좋은 관계를 유지하며 사회적인 책임과 사명을 감당한다. 하나님은 예수님의 복음을 통해서 자기 본능을 넘어서고 창조의 본질대로 살길을 주셨다.

본능을 넘어서 본질로

본능은 죽음의 질서 때문에 살고자 하는 생존반응이지만 본질은 창조자의 목적에 부합한 삶이다. 에니어그램도 각자의 본질로 사는 것을 목표로 하며 이것을 이루기 위해서 성격과 집착과 본능을 다룬다. 성격과 집착과 본능은 본질대로 살지 못하게 하는 요소들이다. 그러면 본질로 산다는 것은 무엇인가?

에니어그램에서는 영혼의 실체로써 에고(자아)를 만나고 그 고유한 자아대로 사는 것이다. 그것은 성격으로부터 자유한 삶이며, 자신만의 고유한 창조적인 삶을 사는 것이다.[47] 이런 노력과 시도는 종교가 추구하는 본질의 일부이며, 목적은 다르지만 방향과 목표는 비슷한 부분이 많다.

필자가 기독교인의 시각에서 보면 본질로 산다는 것은 하나님이 첫 창조 때 계획하신 대로 하나님의 뜻과 사명을 따라 사는 것이다(창 1:26, 28). 또한 그 사명을 이루는 본질적인 삶은 하나님을 왕으로 섬기는 삶이며 그분을 경배하고 찬양하는 삶이다(사 43:21, 엡 1:6).

첫 사람 아담과 하와는 하나님의 특별한 목적과 사명 때문에 형상으로 창조되었고 하나님의 뜻을 이룰 '사명자'였다. 그런데 아담과 하와가 사탄의 말을 신뢰하고 창조자 하나님을 반역할 때부터 본질에서 벗어나기 시작했다.

성경에 의하면 사람이 본질에서 떠난 이유가 죄와 사망 때문이기에 본질을 회복하는 길도 원인을 해결하는 데 있다. 하나님을 떠난 사람은 심판을 받고 본질에서 벗어나고 생존본능에 집착하게 되었다. 이후에 태어난 인류는 조상의 유전자를 통해서 죽음에 종노릇하고 생존본능과 욕구를 가지고 반응하고 대처하며 살게 되었다.

하나님은 이런 인류의 모습을 "흑암에 앉은 백성, 사망의 땅과 그늘에 앉은 자들"(사 9:2, 42:7, 시 107:10, 14, 마 4:16)이라고 표현한다.

흑암에 앉은 사람 또는 사망의 땅과 그늘에 앉은 사람은 어떤 욕구를 가지고 살게 되겠는가? 흑암이 깊은 밤, 아무것도 보이지 않는 곳에 머문 사람은 옳고 그름을 분별할 수 없다. 자기 정체성을 알지 못하고 운명을 알지 못하며 살길을 알지 못한다. 이런 상태에서 사람은 죽음과 심판을 두려워하며 본질을 떠나서 본능을 추구할 수밖에 없다.

물에 빠져 죽어가는 사람이 지푸라기라도 잡으면 놓지 않으려고 하는 것처럼 생존 앞에서 욕망을 따라 세상에 있는 것을 추구한다. 그런데 세상의 모든 권력과 부귀를 가져도 자기 생존과 본능을 완전히 해결할 수 없다. 사람에게 생존본능과 욕망이 올라오는 것은 자연스러운 현상이지만 본능대로 순응하고 살면 두려움은 사라지지 않으며 필연적으로 죄와 사망에 이른다.

아프리카 파푸아뉴기니 밀림에서 식인종들에게 복음을 전하신 한 선교사님의 간증을 듣고 동영상을 본 적이 있다.

그 원주민 남자들은 아내를 맞이할 때 돼지 몇 마리를 값으로 지불하고 사 온다. 따라서 남자들은 아내와 부부로서 한 몸을 이루고 사는 것이 아니라 아내를 동물처럼 취급하고 자기 맘대로 살해까지 가능했다. 여인들이 임신하면 부정한 자로 여겨서 공동체 밖으로 추방하고 여인은 밀림에 들어가서 홀로 자녀를 낳게 하고 살아남은 자만 아이를 안고 돌아왔다. 여인들의 목숨은 남자 앞에서 파리 목숨과 같았고 자녀를 출산하는 일도 사투를 벌여야 했다.

남자들도 날마다 생존을 위해 치열한 싸움을 하며 살았는데 현대 문명 사회에서 살아가는 사람들보다 두려움이 컸다. 그들은 몇 가지 공동체 규칙을 어기면 즉결심판을 받아 처형되고, 먹이를 찾아서 사냥하러 밀림으로 나갔다가 다른 부족을 만나면 목숨을 걸고 싸워야 했다. 이기면 사는 것이고 지면 그 자리에서 먹혀야 하는 절체절명의 위기를 맞이한다. 또한 사냥하러 밀림에 나간 사람은 날마다 급변하는 자연변화 앞에서 죽음을 직면하게 되었고 하늘의 신을 두려워하며 살았다.

선교사님의 말에 의하면 현대인들은 죽음의 두려움을 다양한 방법으로 잊고 살지만 그들은 생존을 의식하며 날마다 생존과 싸우며 살았다. 우여곡절 끝에 그들을 만나고 죽음의 고비를 넘긴 선교사님이 그들에게 십자가의 복음을 전했을 때 살

소망을 갖게 되었다.

복음을 믿는 그들은 사망의 그늘에서 벗어나서 두려움이 사라지고 천국의 평안과 기쁨이 시작되었다. 그들은 구원 이후에 성경공부를 통해서 죄와 사망의 법을 배우고 하나님과 그분의 뜻을 배우고 인간의 본질을 회복하고 있었다. 그들의 삶은 이전과 다르고 춤을 추며 기뻐하며 사는 모습으로 바뀌었다. 아프리카 식인종들에게 이런 변화가 오다니 처음 듣는 소식이었고 참으로 신비하고 놀라웠다.

오늘날 현대 문명 속에서 살아가는 사람들은 죽음을 인정하지만 문화나 재미, 신념, 의학, 기타 도구들을 통해서 죽음과 두려움을 마비시킨다. 때로는 죽음을 운명으로 내려놓고 인생의 가치를 찾고 신념을 바꾼다. 이런 경우에 죽음을 인정하면 욕심을 내려놓을 수 있기 때문에 약간의 평안을 경험하고 가치와 신념을 바꾸면 다소 위로가 된다. 그러나 가치와 신념을 바꾸면 생존본능을 잠시 이길 수 있지만 죽음에 직면하게 되면 살맛을 잃고 공포와 두려움을 만나게 된다.

그러면 왜 사람은 죽음을 두려워할까?
누적 관객 수 1천 2백만을 넘은 영화 '신과 함께'처럼 죽으면 끝이 아니기 때문에 영은 두려움을 느낀다. 졸업은 끝이 아니라 세상에서 새로운 곳으로 출발하는 시간이듯이 죽음은 소멸이 아니라 그 다음 세계로 떠나는 출발이다.

영어에서 'depart'란 단어는 '① 출발하다, ② 떠나다, ③ 벗어나다, ④ 죽다'라는 뜻이다. '죽음'이란 지금 살고 있는 세상을 떠나서 영원한 세상으로 출발하는 것이다. 이 땅에서의 죽음은 소멸이 아니라 영과 육의 분리이며 영과 육은 자기 본래의 자리로 돌아간다.

사람의 영은 영이신 하나님으로부터 왔으며 이 생의 죽음 후에 하나님 앞에 서서 심판을 받는다(히 9:27, 전 3:21). 공의로 심판하신 하나님 앞에서 자신이 의롭다고 인정받을 수 있는 사람이 누가 있겠는가? 그래서 죽음은 알 수 없는 내세로 인해서 두려움이 임하고 그때 자신이 운명을 결정하거나 의를 주장할 수 없기에 두렵다. 성도들은 인생의 결말에 대한 다양한 성경 말씀을 익히 알고 있다.

"한번 죽는 것은 사람에게 정해진 것이요 그 후에는 심판이 있으리니"
(히브리서 9:27)

"그러나 두려워하는 자들과 믿지 아니하는 자들과 흉악한 자들과 살인자들과 음행하는 자들과 점술가들과 우상 숭배자들과 거짓말하는 모든 자들은 불과 유황으로 타는 못에 던져지리니 이것이 둘째 사망이라"(요한계시록 21:8)

심판과 진노 앞에서 기분 좋을 사람이 누가 있겠는가? 경찰서나 법원에서 공문서가 배달되어도 기분이 안 좋다. 어떤 사람은 경찰이 음주 단속 때 검색하거나 버스나 길에서 신분 조회를 요청하는 것만으로도 기분이 나빠진다.

영은 죽지 않는 실체인데, 이생에서 죽음 이후에 영적인 자아가 심판받고 영원한 형벌이 기다리고 있다. 그래서 영은 죽음을 두려워한다. 사람이 죽을 때 지옥의 사자가 나타난 것이 아니라 천사가 나타나서 천국으로 인도한다면 자기 영은 기쁘고 행복할 것이다. 반대로 지옥의 사자가 나타난다면 그 영은 어떤 상태가 되겠는가?

사람이 죽을 때 영이 두려워하고 시신의 얼굴에 두려움이 묻어 있는 것은 우연한 일이 아니다. 이 근원적인 문제는 사람의 힘만으로는 해결할 수 없다. 그래서 하나님은 독생자 예수를 이 땅에 보내셨고, 믿는 자의 죄를 용서하시고 영생과 운명을 바꾸신다. 이런 하나님의 은혜가 성도들에게 생존본능을 이기고 본질로 나아가게 한다. 십자가의 복음이 본질로 살게 하는 원동력이다.

여전히 성도들도 이 세상에서 머물러 육체를 가지고 사는 동안에 생존본능과 욕구가 일어나지만 성도들은 믿음과 성령을 통해서 본능을 이기는 삶을 산다. 그래서 성경은 "복음은 모든 믿는 자에게 구원을 주시는 하나님의 능력이"(롬 1:7), "믿음이 세상을 이긴다"(요일 5:4)라고 증거한다.

성도들이 받은 구원은 미완성이며, 구원 이후에 믿음과 성령을 통해서 자신의 본질대로 살 수 있지만 육체의 소욕과 성령의 소욕 사이에서 씨름한다. 성도들은 자유의지를 가지고 생존본능과 욕망 또는 육체와 세상의 소욕을 선택할 수도 있고 믿음으로 그 소욕을 버릴 수 있다.

성도들이 본질을 회복하는 일 즉 옛사람의 성격을 버리고 생존본능을 버리는 일을 성경에는 "옛사람을 버리라, 자기를 부인하라, 새 사람을 입으라" 등의 말씀으로 나타난다. 성도들이 본질로 살기 위해서는 성령의 충만을 받아야 하고, 신성한 성품으로 자라가야 한다. 이런 삶이 구원을 완성해 가며 성도들의 본질에 부합한 모습이다.

주님의 구원을 믿고 성령을 따라서 살면 생존본능과 욕망을 버리고 주님과 동행하고 사명을 이루며 살 수 있다. 성도들이 본질에 부합하는 삶은 성격을 넘어서고 자아가 복음을 믿고 성령 안에서 살 때 가능하다.

주변에서 "생존본능이 죄인가?"라는 질문을 종종 받는다.

필자는 이것은 매우 중요한 질문이며 성경적인 이해가 필요하다고 생각한다. 모든 생명체는 생존본능이 있으며 무의식적 반응을 일으킨다. 성경은 "욕심이 잉태한즉 죄를 낳고 죄가 장성한즉 사망을 낳느니라"(약 1:15)라고 되어 있다. 따라서 필자는 생존본능은 자연스러운 현상이며 죄 자체는 아니라고 생각한다. 그러나 본능대로 살면 사망에 이른다(유 1:10). 왜 그런가? 본능대로 순응하면 죄와 사망의 문제가 해결되지 못하고 마침내 죄와 사망을 만나기 때문이다.

그러면 본능을 무시하고 살면 어떤 일이 생기는가?

나라마다 문화와 도덕, 법이 있는데 본능대로 살면 죄를 짓게 되고 심판을 받는다. 그러면 세상에서 설 자리가 작아지고 생존에 어려움이 생긴다. 성도들이 생존본능과 세상 질서를 무시하고 살면 고생을 많이 하고 열매를 맺는데 어려움이 생긴다.

성도들은 믿음과 성령을 통해서 생존본능을 조절하고 본질에 합당하게 선택하며 살아가야 한다. 하나님은 성도들에게 유혹의 욕심과 옛사람을 벗어 버리고 새 사람으로 입으라고 말씀하신다.

"너희는 유혹의 욕심을 따라 썩어져 가는 구습을 따르는 옛사람을 벗어 버리고 오직 너희의 심령이 새롭게 되어 하나님을 따라 의와 진리의 거룩함으로 지으심을 받은 새 사람을 입으라"(에베소서 4:22-24)

위 말씀에서 "벗어 버리고, 입으라"는 말씀은 옷을 벗고 입은 행위를 나타내는 단어인데, 명령형이며 계속되는 삶이다. 또한 23절에 사용되는 '오직'이란 단어는 불변사로서 다른 방법을 불허한다. 그리고 '심령'으로 번역된 그리스어 원문은 "토 프뉴마티 투우 뉘우스 휘몬(τῴκ πνεύματι του νοός ύμων)"이며 영어

성경은 "in the spirit of the mine of you"로 번역한다. 즉 성도들의 마음에 계신 성령으로 변화된다.

실제 삶에서 옛사람의 모습을 벗어버리는 일은 내주하신 성령의 인도를 통해서만 가능하다. 그리고 "새롭게 되어"라는 시제는 중간태 또는 수동태이다. 즉 사람이 자기 힘과 능력으로 바뀌는 것이 아니라 성령의 역사가 필요하며 사람의 믿음이 합해져야 할 일이다.

성도들의 삶에서 변화를 이끄신 분은 내주하신 성령님이시며, 성도들은 복음을 믿고 결단하고 선택해야 한다. 성도들은 생존의 두려움과 욕망이 올라올 때 십자가를 바라보고 복음 안에 머물러야 한다. 하나님의 성령이 내 마음과 생각을 지배하도록 내맡기고 복음을 믿고 주님과 성령의 도움을 요청하고 도움을 받아야 한다.

복음 안에서 자기 정체성과 미래를 확신할 때 사탄은 성도들을 지배하지 못하며 육체의 소욕과 본능을 이기게 된다. 이런 부분에서 "본능에서 본질"로 나아가는 방법이 세상과 구별된다. 히브리서 11장에 기록된 믿음의 선진들도 생존본능을 가지고 있었지만 믿음과 성령 안에서 본능 욕구를 이기고 본질대로 살며 순교자가 되었다.

오늘날도 세계 곳곳에서 나라를 초월하여 복음이 선포되면 믿는 자가 있고 옛사람의 본능을 벗어나고 본질을 회복하는 사람들이 나타난다. 성도들은 십자가 구원의 관점에서 바라보면

이 생의 죽음은 절망이 아니며 천국에 입성하는 환송식이다. 죽음은 하나님의 자녀로써 영광스런 모습으로 온전히 변화되는 순간이다(요일 3:2, 고전 15:51-52).

　믿음의 사람들은 장례식을 진행하면서 이런 믿음으로 슬픔과 아픔을 이겨낸다. 구원을 받은 사람들이 누리는 천국의 평안과 소망, 기쁨은 생존본능을 이기고 본질을 선택하게 한다. 그래서 믿음의 성도들을 세상이 감당할 수 없다(히 11:38).

성도들은 자기 삶에 하위 유형의 특성을 알아야 한다. 그리고 본능대로 살던 일을 멈추고 창조자 하나님의 본질대로 살려고 기도하고 결단하라. 멸망하는 인생이 되지 말고 본질대로 살다가 주님을 만나자!

"이 사람들은 무엇이든지 그 알지 못하는 것을 비방하는 도다 또 그들은 이성 없는 짐승같이 본능으로 아는 그것으로 멸망하느니라"(유다서 1:10)

나눔

5

(정답과 결론 도출 또는 논쟁하지 말고, 자기 생각을 정직하게
나누고 서로 경청하며 성령님의 음성을 들으세요.)

1) 하위 유형 3가지 영역에서 자신이 많이 사용하고 있는 것은
   무엇인가?

2) 하위 유형 3가지 영역에서 성도들의 역할은 무엇인가?

3) 성격을 넘어서 본질로 살기 위해서 주님이 하신 일은 무엇
   인가?

4) 본능을 넘어서 본질로 살기 위해서 자신이 해야 할 일은 무엇
   인가?

3부

성격이냐?

믿음이냐?

1
성격과 영성

성품은 성령의 도구이다.

필자는 앞에서 일반적으로 사용하는 성격과 기독교에서 사용하는 성품을 구별하였다.

베드로후서 1장에 등장한 신성한 성품은 '하나님의 성격'으로 번역할 수 있는데, 예수님 안에서 나타났고 모든 성도들이 갖추어야 할 성품이다. 그래서 성도들에 있어서 신성한 성품은 두 가지 특성이 있다. 첫째는 타고난 하나님의 형상이 구원을 통해서 신성한 성품이 되는 것이고 둘째는 구원 이후에 십자가의 복음에 기초하여 성령과 영생을 통해서 주님의 생명으로 성장하는 성품이 있다.

구원 이후에 성도들은 아담의 후손으로 물려받은 신성한 형상에서 옛사람의 특성을 제거하고 성령의 도구로 사용하기 시작한다. 성경을 통해서 보면 성령으로 충만한 사도의 사역에서 각자의 타고난 재능과 성품들이 그대로 드러난다.

베드로는 성령으로 충만해져서 이전에 없던 용기와 믿음의 역사들이 나타나지만 그가 가진 옛 재능은 그대로 성령께서 쓰신다. 바울은 구원 이전에도 지식과 학문에 능하였고 유전적인 재능과 성품이 발달한 사람이었다. 그리고 구원을 받은 후에는 그 재능을 성령께서 사용하셨다. 베드로가 성령으로 충만한 상태에서도 사도 바울처럼 사역하지 않았고 바울도 베드로처럼 쓰임 받지 않았다.

예수님의 12제자들은 오순절 이후에 그들의 독특한 재능과 성품을 성령이 사용하셨다. 성령은 하나님이 각 사람에게 주신 타고난 달란트를 무시하지 않으며 그 재능과 성품을 사용하신다. 마태복음 25장에 나오는 달란트의 비유처럼 구원 이후에 자기 재능과 달란트는 신성한 성품의 일부이며 결산 때 기초가 된다. 오늘날 현실을 보면 목회자와 성도들이 성령으로 충만하여도 동일한 재능과 성품이 되지 않는다. 교회마다 다르고 성도들의 재능마다 차이가 있으며 성령은 사람이 준비된 만큼 사용하신다.

성도들이 항상 성령으로 충만하면 좋겠지만 현세의 삶에서는 쉽지 않다. 그 일이 누구나 되거나 자동으로 된다면 왜 성령으로 충만하라고 말씀하시겠는가? 그런 일이 구원받은 후에 동일하게 된다면 왜 영적인 성장의 차이를 말씀하시겠는가?
만일 성령으로 충만한 일이 잘되고 지속된다면 신약교회와 성
도들에게 문제가 나타나지 않아야 한다. 대부분의 서신서들은
교회와 성도들이 복음과 성령으로 살지 못하고 옛사람의 모습
으로 살기 때문에 기록되었다.

선배 목회자들은 교회에서 '항존직' 일꾼을 뽑을 때 그 사람
의 믿음보다는 성품을 중요하게 생각한다. 실상 믿음은 별로
차이나지 않으며 성격(성품)이 더 많은 영향을 준다. 그래서 성
품 좋은 사람이 믿음 좋은 사람보다 교회에 더 유익하다는 설
명이다.

성격에서 발달수준이 높고 성격이 좋은 사람은 믿음이 작아
도 공동체와 교회에서 상식 이하의 행동을 하지 않는다. 반대
로 성격이 건강하지 못하고 발달수준이 낮은 사람은 거칠고 자
기중심적이며 공동체를 해치고 관계를 깨뜨리는 일을 다반사
로 한다. 그들은 자기 의지와 상관없이 습관대로 같은 문제를
일으키고 갈등을 만든다.

성격의 발달수준이 낮거나 상처가 많은 사람은 견고한 진이
된 사고와 행동, 상한 감정과 왜곡된 신념과 욕구 때문에 그 토
대 위에서 산다. 이것으로 인해서 자신은 성령의 도구가 되지
못하고 신앙생활에서 실패한다. 이런 과거는 성도들이 구원 이
후에 싸워야 하는 영적 전쟁이다(고후 10:4).

성격이 좋지 못하면 은혜의 보좌로 쉽게 나아가지 못하고 믿

음도 더디게 성장한다. 혹시 은혜를 받았어도 은혜의 그릇이 망가져서 빠르게 쏟아버리고 열매 맺지 못하고 만다. 신성한 성품으로 변화되지 않은 영역은 옛 자아의 욕구와 습관을 유지하기 때문에 믿음이나 성령과는 거리가 멀다.

필자는 성격을 공부하면서 이런 생각도 해 보았다. 성격이 좋아 보여도 반드시 믿음이 좋은 것은 아니다. 또한 믿음이 좋아 보여도 성품이 좋은 것은 아니다. 세상에는 발달수준이 높은 인격과 성격을 가진 사람이 많다. 그러나 베드로후서 1장의 말씀처럼 믿음은 자기 성격이 아니라 신성한 성품을 통해서 열매를 맺는다.

성령과 신성한 성품으로 봉사하면 자기 욕구를 내려놓고 하나님의 뜻과 영광을 추구하기 때문에 천국의 열매, 성령의 열매를 맺는다. 따라서 성도들은 스스로 옛 성격으로 살고 있는지 아니면 믿음과 성령 안에서 살고 있는지를 스스로 살펴야 한다(고후 13:5). 자기 믿음이 성장하도록 신앙의 기본을 착실히 행하고 주님과 성령 안에서 신성한 성품이 자라도록 힘써야 한다. 성령은 믿음과 성령으로 준비된 사람을 쓰시기 때문이다(행 6:3).

성격이 영성을 가로막는다.

에니어그램을 공부할 때 성격이 영성을 가로막는다는 설명에 눈이 휘둥그레졌다. 기독교인에게 영성이란 주제는 매우 중요하며 대부분 관심이 크다. 자세히 공부를 해 보니까 기독교에서 말하는 영성과 공통점도 있지만 차이점도 있었다.

영성이란 정의하기 어렵고 사용처에 따라서 의미도 다르다. 영성이란 종교를 넘어 철학, 문화, 예술, 심리학 등 많은 분야에서 사용되고 있다. 필자가 여기에서 말한 영성은 에니어그램에서 말하는 영성과 일치한 부분도 있지만 기독교에서 말하는 영성이다.

에니어그램에서 영성은 영적인 참나(영적 존재)를 찾아가는 과정이다. 그러나 개신교에서 사용하는 영성은 영적인 자기 모습을 찾아가는 과정을 포함하여 더 넓고 다양하게 정의할 수 있다.

개신교에서 많이 사용하고 있는 전통적인 기독교 영성이란 '성령을 따라 사는 삶'이나 '예수 그리스도의 형상을 본받는 삶'이다.[48] 학자들마다 조금씩 다른 정의를 하지만 영성이란 영적인 하나님과의 경험을 포함하며, 영적인 하나님과 시선을 맞추고 계속해서 성령 안에서 함께 사는 것이다.

기독교 영성도 에니어그램에서 강조한 것처럼 자기 영성을 위해서 성격과 그 안에 있는 고착과 문제들을 만나고 벗어나야 한다. 기독교 영성도 자기 초월을 수반한다.[49] 자기를 초월한다는 것은 자연적인 자아를 초월하고 하나님과의 만남을 의미한다.

옛사람의 성격은 자아를 추구하기 때문에 자아 초월 없이는 영성과 접촉할 수 없다. 이것은 성경에서 자기를 부인하라는 말씀과 상통한다. 영성이란 측면에서 관찰하면 신구약 백성들도 추구하는 영성의 방향성은 같지만 질적인 부분과 방법에서는 하늘과 땅 차이가 난다. 신약 백성들은 예수 그리스도를 통해서 죄와 사망으로부터 구원을 받고 성령이 임한 상태에서 영생의 삶을 산다.

신약의 성도들은 예수님이 열어 놓으신 새롭고 산길(living way)로써 두려움을 이기고 담대히 나아가며(히 10:20), 하나님을 아버지라 부르며 나아간다. 예수 그리스도의 십자가와 부활 이후에 성도들에게는 영이신 하나님 아버지께 나가는 길이 제한 없이 열렸다.

신약의 성도들은 종이 아니라 자유로운 자녀의 신분으로 예수 그리스도와 함께 하나님을 만난다. 따라서 기독교 영성은 구약 백성과도 질적 수준이 다르며 구원 이후에 일어나는 영적인 여정이다.

신약 백성들의 영성도 각자의 신앙의 수준에 따라서 영적인 체험이 다르고 영성의 깊이가 다르다. 기독교 영성은 십자가의 복음을 믿고 내주하시는 성령을 통해서 모든 성도에게 이루어지지만 경험에서는 차이가 많다. 기독교 영성은 그분의 사랑안에 머물고 성령 안에서 사는 것(계 3:20)이란 공통점을 가지고있다.

"예수께서 우리를 위하여 죽으사 우리로 하여금 깨어 있든지 자든지 자기와 함께 살게 하려 하셨느니라"(데살로니가전서 5:10)

"너희는 너희가 하나님의 성전인 것과 하나님의 성령이 너희 안에 계시는 것을 알지 못하느냐"(고린도전서 3:16)

신약의 성도들에게 임하신 성령은 동일하시지만 자기 성격과 육체의 소욕을 던지고 성령님과 함께 사는 영성의 수준은 다르다.

고린도교회는 영성의 삶을 살지 못하고 육신에 속한 삶을 산 대표적인 샘플이다(고전 3:1). 옛사람의 성격은 구원 이전에 자기 생존을 위한 방어기제이기 때문에 기독교 영성과 일치하지 않는다.

육신의 정욕과 안목의 정욕과 이 생의 자랑은 아버지께로부터 온 것이 아니며(요일 2:16) 영성을 가로막는다. 성경을 보면 베드로는 예수님에 대하여 "주는 그리스도시요 살아 계신 하나님의 아들이시니이다"(마 16:16)라는 믿음의 고백 후에 칭찬을 받는다. 그러나 그 이후 사탄이 베드로의 마음과 생각을 지배한다.

베드로는 사람의 일을 생각했는데 이런 생각은 사탄과 연결된다. 사탄은 베드로의 마음에 수제자가 되고 싶은 마음을 주었는데 그것은 자기 목숨을 염려한 선택이었다. 이때 예수님은 베드로와 제자들에게 말씀하시기를 "자기를 부인하라"(마 16:24)고 하시고, 곧바로 "누구든지 제 목숨을 구원하고자 하면 잃을 것이요 누구든지 나를 위하여 제 목숨을 잃으면 찾으리라"(마 16:25)라고 목숨에 대해서 말씀하셨다.

베드로는 보통 사람들처럼 자기 목숨을 염려하고 수제자가 되기 위해서 큰 소리로 나팔을 불었지만 영적으로는 사탄에게 속고 있었다. 사탄은 죄와 죽음의 세력을 가지고 사람을 지배한다. 따라서 죄와 죽음과 두려움에 반응한 옛사람의 성격은 기독교 영성과 만날 수 없다. 육체의 소욕과 성령의 소욕은 서로 거스르며 대적한다(갈 5:17). 성도들은 옛사람의 성격이 어떻게 자기 영성에 영향을 주고 있는지를 알아야 한다.

구원의 확신이 있는 성도들은 대부분은 믿음으로 살기를 원하고 영성이 높은 사람으로 성령의 도구가 되기를 소망한다. 성도들이 성격을 잘 이해하면 습관화된 것을 인식하고 자기 모습을 알아차릴 수 있다. 죄만 영성을 가로막는 것이 아니라 옛사람의 성격 자체가 영성의 길을 막는다. 주님은 옛사람의 성격으로 제자의 길을 갈 수 없음을 아시고 자기를 부인하라고 하셨다.

열매는 자기 영성을 증명한다.

어릴 적에 시골 마을 친구 집에는 부친께서 심은 자두와 복숭아나무가 있었다. 감나무와 무화과나무만 보며 자라던 우리는 소문을 듣고 자두와 복숭아나무를 보려고 발길을 옮겼다. 그런데 그때는 열매를 맺기 전이기 때문에 잎사귀만 무성해 있었다.

전문가는 나무나 잎을 보면 쉽게 알 수 있겠지만 그런 경험이 없는 어린 우리들은 구별할 수 없었다. 그때 어느 나무가 자두나무고 어느 나무가 복숭아나무인가를 묻자 열매를 보면 안다고 했다. 너무나 쉽고 간단한 대답이었다. 우리는 더 물어볼 필요도 없었다. 시간이 지나서 꽃이 피었는데 꽃 모양과 색깔이 다르고 나중에 열매가 확실히 달랐다. 나무가 열매를 결정하고 열매가 나무를 증명한다. 예수님은 산상설교에서 "열매로 그들을 안다"(마 7:16)고 하셨다. 포도나무 비유를 보면 나무의 종류와 상태가 열매를 결정한다.

"그들의 열매로 그들을 알지니 가시나무에서 포도를, 또는 엉겅퀴에서 무화과를 따겠느냐 이와 같이 좋은 나무마다 아름다운 열매를 맺고 못된 나무가 나쁜 열매를 맺나니 좋은 나무가 나쁜 열매를 맺을 수 없고 못된 나무가 아름다운 열매를 맺을 수 없느니라"(마태복음 7:16-18)

사람은 보이지 않는 마음과 욕구에 따라서 행동하고 열매를 맺는다. 옛 자아의 성격에서 맺는 열매는 자기 생존전략이며 자기 의를 세우고 인정받고 싶은 동기임을 앞에서 밝혔다. 마음의 욕구와 기대는 감정을 결정하고 감정은 행동을 결정한다. 자기 성격으로 맺는 열매는 마음의 욕구가 좌절되면 행동이 달라진다.

목회자들은 이런 부분에서 감각과 경험이 있다. 목회자들이 성도들을 볼 때 성령으로 열심히 섬기는 것과 자기 의와 영광을 위해서 열심히 섬기는 모습의 차이를 안다. 자기 의와 영광을 위해서 열심히 헌신하면 목회자는 긴장된다. 그 욕구가 좌절될 때 어떻게 변하고 공격할지 모르기 때문이다.

에니어그램에서는 사람의 내면에서 나쁜 열매를 맺게 하는 여러 가지 동기들을 유형에 따라서 제시한다. 에니어그램을 공부하면 성격에 따른 집착, 두려움, 방어기제, 회피, 근원적인 죄들과 욕망 이런 것들을 안내받는다.

자기 내면을 탐색하지 않던 사람은 처음에는 이해가 어렵고 탐색이 쉽지 않지만 조금 훈련하면 점차 익숙해진다. 그래서 에니어그램은 심리학과 영성 사이의 다리 역할을 해준다.[50]

에니어그램에서 연구된 성격 심리들은 자기 마음과 욕구를 알아차리고 영성의 길로 가는데 좋은 도구다. 에니어그램을 공부하는 많은 성도들이 이 맛을 경험하고 안다. 사람은 자기 행동의 열매를 가지고 마음의 욕구와 영성을 살피는 것은 중요하다. 주님이 산상설교에서 말씀한 것처럼 자기 영성을 보려면 자기 열매를 보면 된다.

육체의 열매와 다른 성령의 열매는 요한복음 15장의 포도나무 비유처럼 뿌리부터 다르다. 이 열매들은 신성한 성품으로 맺으며 성령과 함께 맺는다.

"오직 성령의 열매는 사랑과 희락과 화평과 오래 참음과 자비와 양선과 충성과 온유와 절제니 이같은 것을 금지할 법이 없느니라"(갈라디아서 5:22-23)

"빛의 열매는 모든 착함과 의로움과 진실함에 있느니라"(에베소서 5:9)

하나님은 예수님을 통해서 죄와 사망의 법을 끝내버리시고 신약교회와 성도들에게 영생과 성령을 주셨다. 신약교회와 성도들은 주 안에서 하나님 아버지의 자녀들이며, 성도들은 한 가족이며 형제다. 따라서 교회와 지체들이 만날 때 죄와 사망, 율법의 열매를 맺고 있는지 자기 영성을 살펴야 한다.

자기 성격이 어떻게 영성을 가로막고 있는지를 살펴보라. 자기 열매들을 뒤돌아보고 자기 믿음과 영성을 생각해 보자. 자기 삶에 열매를 가로막는 것을 알아차리고 주님의 지혜와 도움을 구하자.

"세상의 염려와 재물의 유혹과 기타 욕심이 들어와 말씀을 막아 결실하지 못하게 되는 자요"(마가복음 4:19)

(정답과 결론 도출 또는 논쟁하지 말고, 자기 생각을 정직하게 나누고 서로 경청하며 성령님의 음성을 들으세요.)

1) 성격은 어떻게 영적 삶을 방해하는가?

2) 성격과 영성의 열매를 성경에서는 어떻게 말씀하고 있는가?

3) 성도가 옛사람의 성격으로 살 때 세상은 어떤 반응하는가?

4) 자기 영성을 유지하기 위해서 해야 할은 무엇인가?

2
성격과 자기 부인(deny himself)

자기 부인은 자기 주인을 바꾸는 것이다.

자기 생존을 위해서 본능을 따라 살아가던 사람에게 인생의 주인은 '자기'일 수밖에 없다. 자신이 소유한 물질과 자녀, 건강과 시간 등등 자기 수중에 들어오면 자기가 주인이 된다.

갓난아이들도 자기 수중에 들어오면 자기 것으로 여기고 빼앗기지 않으려고 힘을 쓴다. 세상에서 생존경쟁과 생존본능을 따라서 살던 사람이 복음을 듣고 하나님을 만나면 자기 부인이란 커다란 주제 앞에 직면하게 된다.

하나님은 성경을 통해서 자신을 창조자, 통치자, 구원자, 만왕의 왕이심을 계시하셨다. 이것을 인정하고 고백하고 사는 일은 매우 힘들고 어렵다. 논리와 이성으로 생각하면 사람은 자생적 존재가 아닌 피조물이며 출생에서 죽음에 이르기까지 자기 맘대로 할 수 없는 일들이 이 사실을 증명한다.

필자가 어릴 적 시골에서 살 때 어느 날 부친께서 강아지 한 마리를 사오셨다. 그 강아지는 처음에는 어미를 생각하며 밤을 설치고 울어댔다. 시간이 지나서 점차 성장하여 어미가 되고 나중엔 새끼까지 낳았다. 부모님은 강아지를 사서 키우실 때부터 새끼를 낳으면 팔려고 계획하셨다. 이런 계획에 따라서 부친께서는 새끼 강아지가 눈을 뜨고 홀로서기가 가능해지자 어미 개에게 묻거나 허락을 받지 않고 한 마리씩 누군가에게 파셨다. 어미 개는 자기 새끼들에 대해서 주인 역할을 할 수 없었다.

사람은 출생에서부터 죽는 순간까지 자기 소유와 생명까지 주인 역할을 하지 못한다. 사람은 하나님의 창조물에 대해서 사용자일 뿐이며 인생을 마치면 모두 내려놓고 떠나야 한다. 하나님은 사람으로부터 인정받는 여부와 상관없이 하늘과 땅의 창조자이시고 왕이시다. 하나님은 사람을 만물의 영장으로 만드셔서 하나님을 대신해서 세상을 관리하고 다스리게 하셨고, 나중에는 각 사람을 평가하시고 심판하신다.

처음에 아담과 족장 시대의 후손들은 구전을 통해서 하나님을 전해주고 왕으로 섬겼지만, 얼마 가지 않아서 자신이 왕이 되어 살게 된다. 그러나 하나님은 예수님을 통해서 인류를 구원해 주시고 다시금 하나님의 나라로 부르셨다. 예수님은 자기를 믿는 제자들에게 "자기를 부인하라"고 하셨는데, 이 말씀은 주인을 바꾸는 중요한 변곡점이다.

> "이에 예수께서 제자들에게 이르시되 누구든지 나를 따라오려거든 자기를 부인하고 자기 십자가를 지고 나를 따를 것이니라"(마태복음 16:24)

예수님은 자기를 부인하지 않고는 예수님을 따를 수 없다고 하셨다. 이 일은 너무나 중요한 일인데 실상은 쉽지 않다. 그 이유는 필자가 생각할 때 첫째는 자기를 부인한다는 개념이 어렵고, 둘째는 자기를 부인하는 일 자체가 생존본능이기 때문에 근원적으로 어렵다.

기독교에서 보편적으로 사용하는 '자기 부인'의 개념은 무엇인가? 그것은 자기 자신과 소유에 대해서 자기 것이 아니라고 자기 권리와 주권을 포기하는 것이다. 간단하게 주인을 바꾸는 것이다. '부인하고'라는 그리스어는 "아파르네오마이(ἀπαρνέομαι)"이며, 그 뜻은 '제 것이 아니라고 부인하다. 포기하다'란 뜻이다.[51] 자기 것인 줄 알고 자기 소유를 주장하던 것에 대해서 자기 것이 아니라고 주인 됨을 포기하는 것이다.

자기 부인은 자기 인생의 주인을 바꾸는 것이며 주권을 포기하는 일이다. 이 말씀을 주신 배경은 베드로가 예수님의 죽으심을 듣고 자신이 목숨을 걸고 지켜주겠다고 큰소리를 칠 때이다. 베드로는 자기 능력도 모르고 십자가의 비밀도 모른 채 자기 야망과 욕심을 이루려고 큰소리를 쳤다.

죽음의 자리에서 예수님을 지키겠다는 베드로의 생각은 그의 능력 밖에 있는 일이며 하나님의 뜻과도 거리가 멀었다. 십자가의 길은 베드로가 나서서 막을 일도 아니며 막아서도 안되는 하나님의 큰일이었다.

베드로는 제자들 중에서 으뜸이 되고 싶은 욕심에 이끌려서 본능적으로 말을 했다. 베드로는 예수님의 제자로 부름을 받았지만 아직 죄와 사망의 권세 아래서 살았기 때문에 자기 생존을 위해서 호언장담을 한 것이다. 그는 본능적으로 자기 생존의 안전을 추구했다. 예수님은 이런 베드로의 마음을 책망하지 않으시고 자기를 부인하라고 말씀하셨다.

오늘날 예수 그리스도 안에서 죄와 사망의 권세에서 구원을 받은 성도들은 영생을 얻었고 새 언약 백성이 되었다. 하나님은 아들의 희생으로 우리를 사셨고, 예수님은 자기 죽음으로 값을 지불하고 사셨다. 예수님은 십자가 사역을 이루시고 하늘과 땅의 모든 권세를 아버지로부터 물려받으셨다. 죄와 사망의 권세를 이기신 예수님이 하늘과 땅을 통치하시는 왕이시다. 죄와 죽음과 생존의 문제를 해결 받은 성도들은 더 이상 자기 생존을 위해서 살지 않고 하나님의 영광을 위해서 살도록 부름을 받았다.

이 세상에서도 사람이 취업을 하면 회사의 규칙을 따라야 하고 회사를 위해서 일한다. 서비스 현장에서 일하는 기술자들은 회사의 이름으로 일하며, 회사를 반영한다. 사람들은 그 기술자의 모습과 태도를 보고 그 회사를 평가한다. 또 회사를 옮기게 되면 상사가 바뀌고 하던 일과 목적이 바뀐다.

만일 경쟁 관계에 있는 회사로 이적했다면 같은 일을 해도 경쟁에서 이겨야 하는 존재가 된다. 사람은 자신의 신분과 소속이 바뀌면 이전에 하던 습관과 계획대로 살면 안 된다. 자신의 신분과 소속을 모르고 이전 방식과 목적대로 열심히 일하면 그 열심이 오히려 문제가 된다.

성도들은 구원을 받을 때 소속과 운명이 바뀌었으며 하나님의 영광과 나라를 위해서 왕 같은 제사장으로 부름을 받았다. 이것은 음미할수록 귀한 선물이며 은총이다. 그런데 성도가 자기 왕국을 포기하지 않으면 주님의 제자로 살지 못한다. 자기를 부인하지 않으면 여전히 자기 왕국을 세우고 하늘까지 자기 이름을 내기 위해서 바벨탑을 쌓는다.

성도들이 자기 계획과 욕심과 생존전략을 내려놓고 하나님께 맡길 때는 순교자의 신앙이 필요하다. 바울의 고백처럼 모든 성도들도 옛사람은 그리스도와 함께 못 박혔고, 이제는 그리스도와 함께 부활의 생명과 영광 가운데 사는 새로운 피조물임을 고백해야 한다(갈 2:20, 고후 5:17).

십자가의 복음이 자기 존재를 어떻게 바꾸었는지를 정확하게 알고 믿을 때 자기 왕국을 내려놓을 수 있다. 구원을 천국 가는 자격증을 받은 것으로만 이해하지 않고 우리의 신분과 소속을 어떻게 바꾸셨는가를 이해할 때 자기를 내려놓을 수 있다.

"너희는 유혹의 욕심을 따라 썩어져 가는 구습을 따르는 옛사람을 벗어 버리고"(에베소서 4:22)

습관이란 본래 무의식에서 행동하기 때문에 고치기 어렵다. 성도들이 복음을 확실히 믿지 못하면 생존 욕구 앞에서 두려움을 느끼며 자기 생존권 투쟁을 한다. 성도들이 이 세상에서 살 때 믿음이 약해지거나 성령의 인도를 받지 못하면 옛사람의 습관과 욕구대로 선택하게 된다. 그러나 복음을 알고 믿음 위에 굳건한 사람은 왕을 의지하며 왕이 원하신 길을 선택한다.

이렇게 자기 부인은 자기 인생에서 주도권, 왕권을 주님께 넘겨드리는 생존 전쟁이다. 따라서 성도들이 자기 왕권을 내려놓고 하나님을 왕으로 바꾸는 일은 근원적인 죄(άμαρτία)에서 돌이키고 영생의 자리로 회복하는 일이다.

자기 생명과 인생이 자기의 것이 아니며 하나님의 것임을 믿을 때 죽음 앞에서도 순종할 수 있다. 자기 소욕과 주권을 주님께 드리고 왕께 순종하면 주님의 나라(통치)가 우리 안에 임한다. 성경에 등장한 믿음의 선진들이 복음 때문에 자기를 부인하고 주님께 순종하며 살았다. 그들은 자기를 부인하는 믿음을 통해서 세상을 이겼다(요일 5:4).

그러나 이처럼 중요한 자기 부인이 실제 삶에서는 잘되지 않는다. 복음과 생존본능을 이해하고 실제 선택 상황에서 주도권을 드리고 싶어도 잘되지 않는다. 그 이유는 무엇일까? 필자의 경험으로 볼 때 일상에서 주님의 통치를 요청하고 기도드리지만 주님의 통치가 잘 보이지 않는다.

수많은 선택 상황에서 내 것을 내려놓고 주님의 것을 찾고 주님의 통치를 요청하면 그 일이 잘 되지 않는다. 대부분의 목회자나 성도들이 경험하지만 주님께 통치권을 드리고 주님의 뜻을 묻고 기도하면 주님이 모든 일을 결정해 주지 않으신다. 선택 상황에서 주님이 분명하게 말씀해 주시거나 통치하시면 순종하겠는데 실상은 침묵하실 때가 많다.

하나님은 아담과 하와에게만 자유의지를 주신 것이 아니라 모든 사람들에게 선택할 자유를 주셨다. 다윗의 범죄 때도 하나님은 그 상황을 알고 계셨지만 직접 나타나셔서 죄를 막지 않으셨다. 주님은 성도들의 자유의지를 여전히 존중하시고 언약을 믿고 순종하기를 기다리신다.

매우 긴급한 상황에서 주님의 뜻을 묻고 통치를 요청했는데 아무 일도 일어나지 않으면 어떻게 하는가? 대부분 자신이 선택하게 되고 두려움 속에서는 하나님의 영광보다는 자기 생존

본능으로 결정한다.

필자도 이런 일을 수없이 반복했고 "자기를 부인하라"는 말씀 앞에 절망할 때가 많았다. 때로는 주님이 성령으로 말씀하실지라도 성령의 음성 듣기가 훈련되지 않아서 듣지 못하고 자기 뜻대로 선택하게 된다. 따라서 자기를 부인하는 일을 주인을 바꾸거나 주도권을 드리는 개념으로는 실제 변화가 충분하지 않다. 그러던 어느 날 필자는 본능이론과 대상 관계를 배우면서 '자기'와 '본능과 욕구'를 알게 되었다. 이런 강의를 들을 때 하나님은 내 마음에 자기 부인에 대해서 조금 더 알게 하셨다.

자기 부인은 옛 자아의 표상(image)을 버리는 것이다.

자기를 부인하는 일이 잘 되기 위해서는 먼저 '자기'가 무엇인지를 이해해야 한다. '자기'를 알면 부인할 내용을 더 깊이 알게 된다. '자기'는 '자아(self)'라고도 하며 '자신'이라고 번역되기도 한다.

성격이 형성되는 과정을 보면 자아는 경험을 통해서 '자기상(self-image)'과 '대상 표상(object-image)'을 만든다. 자기상은 정체성, 자아상이며, 대상 표상은 타인을 평가하는 호불호(likes or dislikes)의 이미지이며 관점이다.

자기 안에 만들어진 '표상(image)' 안에 감정과 신념, 기타 정보들을 담아 둔다. 자기 상으로 자기를 이해하고 대상 표상으로 타인을 판단하고 생각하며 행동한다. 이런 자기 상과 대상 표상은 후천적인 경험을 통해서 만들어지며, 성격에도 혼합되어 있다. 성경에서 말하는 "옛사람"이란 구원받기 전의 자아를 말하며 자기가 만든 표상을 가지고 산다.

생존 욕구와 본능에 의해서 형성된 자기 표상은 하나님이 만드시고 보시는 표상(image)과는 다르다. 성도들이 구원 이후에도 이전과 같은 육의 모습을 가지고 살기 때문에 옛 자아의 표상을 유지한다. 그래서 성도들은 옛사람의 자아상과 대상 표상을 버리는 견고한 진과 싸워야 한다(고후 10:4). "진지"는 전쟁에서 사용하는 용어로써 자기방어를 위해서 땅 깊이 파놓은 요새이다. 군인은 적의 공격 시에 진지에 숨어서 자기 생명을 보호한다. 성도들이 옛 자아가 만들어 놓은 진지 안에 머물러 살면 새 백성으로 삶을 살 수 없다.

하나님의 구원은 성도를 새롭게 창조하신 우주적 사건이다. 하나님은 예수 그리스도 안에서 믿는 자들을 이미 새롭게 하셨고, 하나님과의 관계도 완전히 바꾸셨다(엡 2:18-22). 그러나 만물은 아직 새롭게 되지 않았고, 성도들의 육체와 세상 환경도 그대로다. 이럴 때 자신과 세상을 보는 표상을 바꾸면 새로운 세계가 열린다. 이것은 교회와 성도에게 주신 하나님의 비밀이며 성령 안에서 경험되고 이해가 된다. 따라서 성도들은 옛 자아의 정체성, 자아상, 세상과 타인의 호불호와 이미지를 버려야 한다. 이전에 가지고 있던 정체성과 관점을 복음과 성령 안에서 새롭게 바꾸어야 한다.

성도들이 '자기' 곧 구원 전에 가지고 있던 자기 상과 대상 표상을 버리는 일이 자기를 부인하는 일이다. 이것은 주님께 주도권을 드리는 일과 일치하지만 조금 더 실제적인 작업이다. 이 일은 그리스도 예수 안에서 죄와 사망의 권세를 벗어난 새 백성들에게 주신 명령이다. 오직 그리스도 안에서 새롭게 창조된 백성들만 존재와 소속이 달라져서 새 백성의 표상으로 바꿀 수 있다.

구약성경에 나오는 이스라엘 백성들은 어떤 표상을 가지고 살았을까? 그들은 여호와로부터 선택받은 언약 백성과 선민사상을 가지고 살았다. 그들은 이방인들을 바라볼 때는 자기들과 구별하여 보았고, 심지어 자기들의 원수로 여기고 하나님의 저주를 받을 자로 여겼다. 그들은 가나안 땅을 기업으로 약속받았기에 땅의 복을 성공의 기준으로 삼았다. 그들은 율법에 근거하여 질병과 전쟁, 자연재해를 하나님의 심판으로 여겼다. 그들은 성전제사를 통해서 하나님을 섬겼지만 하나님의 아가페 사랑과 영원한 구원을 몰랐다.

그들은 짐승을 통해서 제사를 드리고 살았지만 여전히 죄와 사망의 그늘 아래서 살았고 양심상 온전한 마음으로 하나님께 가까이 갈 수 없었다(히 9:9). 그들의 정체성과 표상은 선민사상과 율법 안에서 만들어졌다. 그들의 표상과 율법으로 예수님을 바라볼 때 이해할 수 없었고 십자가에 죽이는 것이 합당해 보였다. 율법의 관점에서 예수님을 바라볼 때 신성모독자이며 하나님께 저주를 받아 죽은 것으로 보였다(신 21:23). 이들의 표상은 이방 사람과 조금은 차이가 있지만 근원적으로는 죄와 사망의 질서에서 살아가는 세상 사람을 대표했다.

그런데 하나님은 그들에게 자기를 부인하라고 요구하지 않으셨다. 그 명령은 오직 예수 그리스도 안에서 구원 이후에 가능하기 때문이다. 하나님은 모세와 율법을 통해서 자신을 '여호와'로 알리셨지만 예수님을 통해서는 '아버지'로 알리셨다. 그것도 이방인들에게까지 그렇게 자신을 계시하시니 꿈에도 생각하지 못한 놀라운 일이다. 이 놀라운 일은 구약의 선지자들도 모르고 하늘의 천사들도 살펴보기를 원하는 비밀이었다(벧전 1:12).

하나님의 아들이신 예수님은 이 세상에서 유대인이었지만 그들과 많은 부분에서 달랐다. 유대인들은 하나님의 이름을 부르지도 못하고 "아도나이(주님)"로 부르고 살았는데 예수님은 하나님을 아버지로 부르셨고 심지어 "나를 본 자는 아버지를 보았다"고 말씀하셨다(요 14:9). 예수님은 하나님의 아들이셨기에 통치자이며 율법의 종으로 살지 않으셨다. 그래서 유대인들의 표상으로는 예수님의 사역과 말씀을 알 수 없었다.

세상 모든 사람은 예수님을 통해서 구원을 받으며 성령의 역사로 인하여 하나님을 아버지라고 부른다. 성도들은 예수 그리스도의 구속사건의 혜택으로 죄와 사망의 권세 아래서 살지 않고 하나님의 자녀로 산다.

하나님이 창조의 계획에 따라서 피조물인 사람에게 크고 놀라운 사랑과 은혜를 입혀서 양자(adopted as sons)로 삼으셨다. 따라서 양자가 된 사람은 하나님을 이전과 다르게 알고 자신도 새롭게 이해해야 한다.

율법의 표상을 가지고 살던 바울은 예수님의 제자들을 핍박하는 것이 하나님을 향한 사랑이었다. 그러나 그가 부활하신 그리스도를 만난 후에는 눈에 비늘 같은 것이 벗겨지고 새로운 표상과 관점을 갖게 되었다(행 9:18). 그 이후부터는 그리스도의 비밀을 깨닫고 옛 표상을 버리고 율법을 새롭게 바라보고 해석한다. 이전에는 육신을 따라서 사람과 그리스도를 이해하고 알았지만 표상이 바뀐 후에는 이전에 알던 것을 버리고, 주님의 관점을 가졌다. 세상과 이방인을 바라보는 관점이 변하였고 그들에게 십자가의 복음을 전하며 순교까지 했다.

"그가 와서 죄에 대하여, 의에 대하여, 심판에 대하여 세상을 책망하시리라 죄에 대하여라 함은 그들이 나를 믿지 아니함이요 의에 대하여라 함은 내가 아버지께로 가니 너희가 다시 나를 보지 못함이요 심판에 대하여라 함은 이 세상 임금이 심판을 받았음이라"(요

한복음 16:8-11)

이 말씀은 예수님께서 죽으실 때가 가까이 왔을 때 제자들에게 주신 내용인데, 장차 성령이 오셔서 사람들의 관점을 새롭게 바꾸실 것이란 내용이다. 주님의 말씀 중에 죄에 대하여 하신 말씀은 상식적으로 이해되지 않는다. 그러나 성령이 임하시면 죄와 의와 심판에 대한 표상과 관점이 바뀐다.

오늘날 많은 교회와 성도들이 복음과 성령이 주시는 관점으로 표상을 바꾸지 못함으로 스스로 오해한다. 율법적인 관점과 세상의 관점을 가지고 성경과 교회를 보면 스스로 혼돈에 빠진다. 이런 모습은 신약성경에도 나타나는데 사도행전과 서신서에 나타난 문제와 책망들이 같은 유형이다.

초대교회 출석한 유대인들은 예수님을 믿었지만 한동안 율법에 근거하여 판단하고 살았다. 그들은 이방인 성도들을 차별하고 유대 종교와 율법 의식을 강요했다. 또한 이방인 성도들도 세상에서 경험한 자기 표상과 세상이 주는 관점과 이해를 계속 가지고 살아갔다.

빌립보 성도들의 자랑과 기쁨은 로마 정부가 그들에게 제공한 특별한 혜택들이었다. 갈라디아 성도들은 거짓 선생들의 말을 듣고 바울의 사도직을 의심하자 복음도 흔들리고 그들의 관점은 옛사람의 것으로 되돌아갔다. 오늘날도 교회와 성도들도 옛 자아의 표상을 버리지 못하면 새 백성답게 살 수 없으며 제자가 되지 못한다.

교회와 성도들이 자신을 보는 자기 상과 대상 표상을 복음에 합당하게 바꾸면 신성한 성품이 된다. 자기 소유에 대한 관점이 바뀌고, 삶의 목적이 생존에서 영광으로 바뀐다. 고난, 미래, 죽음, 하나님과 심판을 두려워하던 관점이 내세의 상급과 영광을 그리워하며 사모하는 모습으로 바뀐다. 신약의 교회와 성도들은 복음 안에서 자신과 세상을 이해하던 이전 표상을 부인하고 주님의 것으로 취해야 한다. 자기를 부인하는 일은 옛 자아의 표상을 부정하고 버리는 일이다.

자기 부인은 생존 욕구를 버리는 것이다.

자기를 부인하는 일을 구체적으로 잘하기 위해서는 옛사람의 욕구를 이해할 필요가 있다. 옛사람으로서 '자기'는 죄와 사망 때문에 생존 욕구에 순응한다. 사람이 생존본능과 욕구를 버린다는 것은 불가능하다. 사람은 모태에서부터 생존본능과 욕구에 반응하고 두려움에 반응한다. 성도들도 썩어짐에 종노릇 하는 육체 때문에 생존 욕구가 올라온다. 또한 세상으로부터 생존경쟁을 경험하며 생존 욕구를 자극받는다.

이 욕구가 잘 처리되지 못하고 마음과 생각을 지배하면 죄를 낳고 죄가 장성하면 사망을 낳는다(약 1:15).

그래서 세상에서나 신앙생활에서 생존 욕구를 이해하는 것이 매우 중요하다.

매슬로우가 말한 것처럼 사람은 생리적인 욕구가 먼저 반응하고 그 후에는 다른 욕구들이 일어난다. 성경에서는 이런 욕구를 '육체의 소욕 또는 육체의 욕심, 자기 의를 세움, 마음의 원하는 것. ~ 에게 보이려고' 등으로 표현한다.

성도들의 마음에 생기는 생존 욕구들은 하나님이 주신 것이 아니며 세상으로부터 온 것이다(요일 2:16). 성도들이 믿음과 성령 안에서 살지 않으면 본능적으로 매슬로우가 제시한 5가지 욕구와 기타 욕망을 추구한다.

생존 욕구는 먼저 생리적 욕구(육체의 소욕)가 일어나고 가장 강력하다. 생리적 욕구 앞에서 무너지지 않을 사람이 없으며 남녀노소 신분을 초월하여 반응이 일어난다. 그 욕구가 해결되면 1차 만족을 느낀 후에 다시금 생존을 위한 2차 욕구들이 마음에서 일어난다.

생존 욕구는 마음에서 인정받고 존중받기 위한 동기를 가지고 선을 행하고 자기 의를 세우며 나팔을 분다(롬 10:3, 마 6:1). 이런 욕구들이 생존본능에 의해서 일어나고 무의식 수준에서 습관처럼 자기 행동을 지배한다. 옛 자아는 생존 욕구에 의해서 선하고 의로운 행동을 하며 나팔을 불며 인정받으려고 한다. 자기를 부인하려고 할 때 내면의 이런 옛사람의 욕구를 살피면 점차 자기 모습을 잘 볼 수 있다.

중학교 2학년 초 어느 날 우리 반에서 한바탕 싸움이 벌어졌다. 새 학기가 되면 으레 약간의 기 싸움이 있었다. 교실 뒤편에서 벌어진 요란한 소리에 고개를 돌려 보면 누가 봐도 싸움의 승패를 예측할 수 있었다.

A 녀석은 앞줄에 앉고 덩치도 작으며 싸움도 그렇게 잘할 것 같지 않았다. 내가 그 녀석과 싸워도 이길 것 같았다. 그런데 그와 상대한 B 녀석은 뒷줄에 앉고 덩치도 크고 제법 싸움도 잘할 것 같았다. 당연히 싸움은 B 녀석의 승리로 간단히 끝났지만 그 이후 다른 일이 벌어졌다. A 녀석은 눈물을 흘리며 어디론가 사라지더니만 잠시 후에 싸움을 잘하는 다른 반 친구들 몇 명을 데리고 나타났다. 그 패거리들은 B 녀석의 이름을 부르고 찾은 후에 집단폭행을 한 후 경고를 하고 사라졌다.

그 사건 후에 반에서는 "저 A 새끼는 깡패에게 돈을 주고 패거리의 도움을 받으니까 건들면 안 된다"는 소문이 돌았다. 그 이후에 A라는 녀석은 자기가 소속된 패거리들의 힘을 믿고 누구에게나 맞짱을 텄고 급우들은 꼬리를 내렸다. 이것이 자기 생존을 위해서 소속이나 단체를 통해서 인정받고 자기를 보호하는 방법이다.

에덴동산에서 뱀(사탄)이 하와에게 찾아와 선악과를 따먹도록 유혹했다. 이것은 자기 본질에서 벗어나 자아를 추구하라는 것이다. 이때는 뱀이 준 욕심 때문에 자아를 추구했다. 그러나 선악과를 따 먹은 후에는 사망이 운명이 되었다. 이후에 아담의 후손들은 스스로 자아를 추구한다. 생존 욕구는 자아를 위해서 세상의 좋은 것을 취하게 욕심을 부추긴다. 이 욕심은 시대의 문화, 윤리 등의 옷을 입고 다양한 모습으로 엮어져 나타난다. 세상에서 권력(능력), 성공(영광), 소속, 존중(의로움) 등등 인정을 받을수록 생존에 유리하다.

성도들은 구원과 함께 영원히 죽지 않는 생명과 새 언약을 받았다. 정말로 사람의 생명은 주님 손에 있으며 영원한 생명은 이미 성도들에게 주셨다. 영생은 하나님의 생명이며 죽어도 다시 살게 하는 능력이다. 모든 성도들은 이 은총을 이미 받았는데 옛사람처럼 생존을 두려워하고 그 욕구를 추구하고 산다면 헛될 수밖에 없다. 따라서 신약성경은 십자가의 복음을 계속 말씀하시면서 교회와 성도들에게 옛사람이 추구하는 습관과 마음의 욕구들을 버리라고 하신다.

마태복음 6장에서 예수님은 사람의 시선과 평가를 기대하며 나팔을 부는 일을 경고하시며 그런 사람에게 천국에서 상급이 없다고 말씀하신다. 자기 생존을 위해서 의를 세우고 나팔을 불었는데 천국에서 상급을 주실 턱이 없다.

성도들이 자기를 부인하는 일은 자기 생존 때문에 생겨난 마음의 욕구들을 버리는 것이다. 이 욕구들이 생존본능과 습관을 따라서 이루어지면 자기도 알지 못한 상태에서 진행되지만 마음의 욕구를 의식하면 성령께서 알게 하신다. 성도들의 말과 행동 속에서 얼마나 자주 반복적으로 사람의 인정과 칭찬을 사모한 지 모른다. 세상과 사람에게 칭찬을 받는 것이 나쁘지 않고 때로는 필요하지만 성도들은 하나님의 영광을 위해서 칭찬을 받아야 한다.

성령의 열매와 믿음의 본질적인 삶은 세상의 기준을 뛰어넘고 세상에 감동을 줄 수 있는 우주적 사건이 일어난다. 모든 성도들은 먹든지 마시든지 무엇을 하든지 다 하나님의 영광을 위하여 해야할 거룩한 존재들이다(고전 10:31). 가정과 교회, 공동체에서 일어나는 싸움은 옛사람의 욕구를 추구할 때 생긴다. 이럴 때 자기 마음의 욕구를 살피고 기도하면 성령께서 버릴 수 있는 지혜와 능력을 주신다. 성도가 옛사람의 마음 욕구를 알아차리고 버리는 일은 자기 부인에서 매우 효과적인 방법이다.

필자가 죄와 사망의 권세와 본능과 마음의 욕구를 알았을 때 복음의 능력을 더 실감하고 구체적으로 설교할 수 있었다.

필자는 자기를 부인하는 일에 있어서 마음의 욕구를 알고 의식할 때 놀라운 변화가 시작되었다. 전에는 보이지 않던 내 행동과 마음의 욕구가 보이기 시작했고 자기를 부인하는 일에 많은 도움이 되고 있다.

필자의 경험에 의하면 나의 의를 세우려는 동기가 없었지만 좋은 결과나 칭찬받을 일이 생기면 사람을 만날 때 자연스럽게 마음에서 올라온다. 또한 사람에게 칭찬받을 생각을 하지 않고 일했지만 인정과 칭찬을 받으면 그 후에는 그 매력에 빠져서 인정과 칭찬을 기대하게 된다.

많은 성도들이 주님의 영광을 위해서 봉사하고 헌신했으나 주변 사람으로부터 칭찬을 듣고서 점차 사람의 칭찬을 기대하는 모습으로 변해간다. 그러나 믿음과 신앙이 성숙한 사람은 그런 자신을 경계하고 자신을 믿음 위에 세우기 위해서 깨어 반응한다. 필자는 내 자신과 주변에서 이런 모습들을 많이 보고서 본능의 위력과 특성을 새삼 깨닫는다.

한 번은 80세 가까운 어른 집사님께서 설교 후에 나를 보고 이렇게 말씀하셨다. "목사님, 오늘 설교 잘 이해됩니다. 내가 드라마를 보니까 자기 살려고 상대의 죄를 소문내고 죽이려고 하는 것을 봤습니다"라고 하셨다.

자기가 살기 위해서 상대를 선제공격하는 것이 비판하고 정죄하는 것이다. 적을 선제공격하여 제거하면 자기 생존에 유리해진다. 성경에는 육체의 열매가 나오는데, 이 열매들 중에는 자기 살고자 공격용으로 사용하는 도구들이 포함되어 있다.

"곧 모든 불의, 추악, 탐욕, 악의가 가득한 자요 시기, 살인, 분쟁, 사기, 악독이 가득한 자요 수군수군하는 자요 비방하는 자요 하나님께서 미워하시는 자요 능욕하는 자요 교만한 자요 자랑하는 자요 악을

도모하는 자요 부모를 거역하는 자요 우매한 자요 배약하는 자요 무

정한 자요 무자비한 자라"(로마서 2:29-31)

"육체의 일은 분명하니 곧 음행과 더러운 것과 호색과 우상 숭배와 주

술과 원수 맺는 것과 분쟁과 시기와 분냄과 당 짓는 것과 분열함과

이단과 투기와 술 취함과 방탕함과 또 그와 같은 것들이라"(갈라디아서

5:19-21)

이런 악한 열매들은 사회에서도 지탄을 받기 때문에 각자가
조심을 한다. 그런데 자기를 의롭게 보이는 욕구와 도구들은
자신도 모르게 실행한다.

필자는 교회에서 판단과 정죄의 욕구와 특징을 설명하고 복
음으로 성도들의 정체성을 설명해 오고 있다. 하나님은 십자
가의 은혜로 덮으신 교회와 성도들에게 (자기 생존을 위해서) 판단
과 정죄하지 말 것을 명령하신다. 그 일은 하나님만이 하실 일
이고 우리에게 맡기신 것이 아니다. 교회가 십자가의 은혜 아
래서 살아가면 자신과 타인을 판단하고 정죄하는 일을 버릴 수
있고, 그곳에 평안과 자유가 임한다.

에니어그램에서는 사람이 추구하는 본능을 3가지 영역에서
조망하고 제시하고 성격에 따라서 어떻게 상호작용하는지를
제시한다. 매우 흥미롭고 도움이 되는 내용인데 이 부분을 음
미하며 성령의 지혜를 받으면 많은 도움이 된다. 또한 매슬로

우가 제시한 5가지 욕구들은 옛사람의 특성을 이해하는데 도움이 되고 자기를 부인하는데 좋은 자료가 된다. 자기 마음을 알아차리지 못하면 버릴 수 없고 알지 못한 것은 바뀌지 않기 때문에 성도들은 성령을 통해서 지혜를 얻고 자기를 부인하는 자리로 나아가야 한다. 옛사람의 마음의 욕구를 알아차리고 버리는 일은 자기를 부인하는 구체적인 방법이며 효과적이다.

자기 부인은 항상 현존이다.

자기를 부인하는 일은 성도들에게 주어진 선택사항이 아니라 왕이 주신 어명이다. 하지만 성도들이 구원 이후에 경험하는 자기 부인의 싸움은 높고 큰 산이다. 자기 부인을 더 이해하기 위해서는 이 여정의 시제를 더 알아야 한다.

"이에 예수께서 제자들에게 이르시되 누구든지 나를 따라오려거든 자기를 부인하고 자기 십자가를 지고 나를 따를 것이니라"(마태복음 16:24)

'부인하라'는 그리스어로 '아파르네사스도(ἀπαρνησάσθω)'이며 'Aorist, 명령형, 중간태'이다. 'Aorist' 시제는 희랍 시대에만 사용했던 문법인데, 우리나라에서는 '부정과거'로 번역한다. 이 시제가 갖고 있는 기본적인 개념은 "시작이나 끝이나 진행이나 결과에 대한 설명이 없이 그 전체 속에 있는 동작을 나타낸다."
[52]

주로 역사적 사실을 나타낼 때 많이 사용하는 시제인데 시간이나 상태나 진행에는 관심이 없으며 오직 동작만을 나타낸다. 그래서 '불확성 시제'라고도 하는데 행동의 지속성은 알 수 없기 때문이다. 따라서 자기를 '부인하라'는 단어의 시제만으로는 행동의 반복성을 알 수 없다.

대신에 본문은 'Aorist'를 사용하여 자기를 부인하는 행동만을 강조하고 반드시 해야 할 일임을 나타낸다. 그런데 앞에서 살펴보았듯이 사람은 생존 욕구를 가지고 본능적인 반응을 죽을 때까지 가지고 산다.

이 세상에서 육체를 가지고 살 때 끊임없이 생존 욕구가 올라오고 마주한다. 따라서 논리적으로 생각하면 자기를 부인하는 일은 죽을 때까지 반복하는 현존의 일이다. 한 번의 성공으로 경지에 오르고 끝나는 문제가 아니라 날마다 반복하고 계속하며 살아가는 여정이다. 이것은 본문 속에서 전후관계를 살펴보면 더 자세히 알 수 있다.

"이에 예수께서 제자들에게 이르시되 누구든지 나를 따라오려거든 자기를 부인하고 자기 십자가를 지고 나를 따를 것이니라"(마태복음 16:24)

위에서 '따라오려거든'의 그리스어 원문은 '따라오려고(엘데이 신, ἐλθεῖν) 희망하거든(델레이, θέλει)'이며, '델레이'는 현재 능동태 직설법이다.

또한 '따를 것이니라'의 그리스어는 '아콜루데이토(ἀκολουθείτω)'이며, 이 단어의 시제는 현재, 명령, 직설법이다. 그리스어에서 현재형은 현존이며 행동의 지속성을 포함한다. 따라서 주님을 따르고 싶은 마음과 주님을 따르는 일이 현재형이기 때문에 그 중간에 있는 자기를 부인하는 일도 현재가 되어야 한다. 즉 주님을 따르고 싶은 마음이 현재 있는 사람은 그 다음에 자기를 부인하고 그 후에 주님을 따르는 것이다.

'자기를 부인하고'라는 동사의 시제는 행동만 나타내지만 논리와 시간의 관계성을 고려하면 자기를 부인하는 일도 항상 반복되는 현재이며 현존이다. 이런 논리와 관계성은 영어에서 부정사나 분사를 해석할 때도 비슷하다. 부정사나 분사의 시제가 주동사와의 관계에서 이해되어져야 한 것처럼 'Aorist' 시제는 시간 개념이 없기 때문에 주동사와 전후 문맥을 통해서 살펴야 한다. 예를 들면 요한복음 3장 16절에 "하나님이 세상을 사랑하사"에서 '사랑하사'라는 단어도 'Aorist'형이다. 그 말씀에서도 실제 시제는 관심 없고 사랑하신 행동만을 강조하신다. 독생자를 보내는 일은 일회적 사건이지만 하나님의 사랑은 과거에도 있었고 현재도 동일하며 영원까지 지속된다.

요한복음 3장 16절에서는 Aorist 형을 사용해서 예수님을 보내신 사랑의 행위를 강조한 것이다. 하나님은 한 번만 세상을 사랑하신 것이 아니라 항상 사랑하시며 그 사랑이 독생자를 이 세상에 보내신 것으로 나타났다.

본문을 살펴보면 주님의 제자로 '따르는 일'과 '십자가를 지고 자기를 부인하는 일'은 함께 진행되는 동시적인 일이다. 따라서 '따르는 일'이 '현재형'이기 때문에 주님을 따르는 제자들은 먼저 날마다 자기를 부인해야 한다. 현존에서 자기를 부인하지 않으면 현존에서 주님을 따를 수 없다.

또한 그리스어 '아콜루데이토(ἀκολουθείτω)'는 문자적인 의미로 '함께 가다, 동반하다, 따라가다'란 뜻이다. 함께 가고 동반하고 따라가는 삶은 일회적 사건이 될 수 없다. 함께 가고 동반하려면 주님이 움직이실 때마다 먼저 자기를 부인하고 그 후에 함께 따라가야 한다.

목자가 움직일 때마다 양이 알아차리고 자기 생각과 욕심을 내려놓고 따라가야 '아콜루데이토'가 된다. 좀 복잡하고 머리가 아픈 내용이지만 본문을 통해서 주의 말씀을 정확히 이해해야 한다.

'자기를 부인하는 삶'이란 한 번 성공했다고 끝난 문제가 아니라 항상 자기를 살펴서 주도권과 욕망을 버리고 말씀에 순종하는 현존의 일이다. 이것을 사람에 따라서 '깨어 있음' 또는 '각

성'이라고 표현하기도 하며, '알아차림'이나 '분별'이란 용어도 사용한다. 주님을 따르고 주님과 동행하기를 원하는 사람은 먼저 자기 마음의 욕구 또는 집착이나 야망 등을 알아차리고 날마다 버려야 한다.

필자가 경험적으로 생각할 때 자기를 부인하는 일이 어려운 이유 중에 하나는 자기 욕망과 야망을 알아차리는 것이 쉽지 않기 때문이다. 또한 자기 욕망과 야망을 알고 자기 말과 행동을 살핀다고 할지라도 복음에 대한 믿음과 성령의 역사가 없이는 어렵다. 바울은 자기 삶에서 이렇게 고백한다.

"그런즉 선줄로 생각하는 자는 넘어질까 조심하라"(고린도전서 10:12)

"형제들아 내가 그리스도 예수 우리 주 안에서 가진 바 너희에 대한 나의 자랑을 두고 단언하노니 나는 날마다 죽노라"(고린도전서 15:31)

바울은 주님을 만난 후에 인생이 달라졌는데 자기 삶에서 자기를 부인하는 삶을 끊임없이 살고 있다는 뜻이다. '날마다 죽노라'의 고백은 날마다 육체의 소욕이 올라 오지만 복음을 믿고 자기를 부인하는 삶을 의미한다. '날마다 죽노라'에서 '죽노라'라는 그리스어는 '아포드네스코(ἀποθνήσκω)'인데 '현재 능동태 직설법'이다. 그리고 시간을 나타내는 부사단어 '날마다'가 있기 때문에 바울은 자기를 죽이는 삶을 날마다 반복했음을 알 수 있다.

바울도 사람이며 육체를 가지고 세상에서 살아가기 때문에 날마다 육체와 마음의 소욕이 올라온다. 그도 굶주리면 배가 고파오고, 매를 맞으면 고통을 느낀다. 그때마다 복음 안에서 자기 정체성을 확인하고 생존 욕구를 버릴 수 있었고 하루빨리 천국에 가고 싶었다. 그는 누구보다 주님을 사랑했으며 그 사랑 때문에 생존 욕구와 계획을 버리고 복음을 위해서 생명을 던졌다.

자기를 부인하는 현존은 사도 베드로의 삶에서도 나타났고 목회자들이라면 누구나 경험하고 알고 있다. 설교나 목회에서 선줄로 생각하다가 넘어질 때가 많고 부족하여 엎드리면 더 많은 주님의 은혜를 경험한다. 성도들도 비슷한 경험을 하는데 오늘 자기를 부인했어도 내일도 그렇게 된다는 보장이 없다.

'따를 것'이라는 단어는 능동형이라서 자발성이 포함되어 있으며 성장과 훈련이 필요하다. 자기를 부인하라는 명령은 중간태 또는 수동태라고 밝혔는데 중간태는 주님과 성도가 함께 주체가 되어 동작의 결과를 만들어내는 협력 사역이다. 주님은 성도들에게 자기를 부인하도록 은혜와 능력을 주시고 성도들은 그 믿음과 힘을 가지고 능동적으로 반응해야 한다. 이것이 구원을 이루는 삶이다. 이런 삶은 주님이 혼자 알아서 해결해 주시는 것이 아니다. 자기를 부인하는 일은 사람의 능력으로만 되지 않고 또한 주님 혼자서 하시는 일도 아니다.

앞에서 밝혔듯이 하나님께서 십자가의 은혜로 죄와 사망, 생존의 문제를 해결해 주셨기에 자기를 부인하는 일이 가능한 것이다. 자기 부인은 믿음과 성숙함이 필요하기 때문에 어린아이 신앙으로는 불가능하다.

어린아이는 자기 생존 욕구와 두려움, 걱정을 내려놓는 신앙이 불가능하다. 그래서 자기를 부인하는 일은 자기 삶에서 하나님의 역사가 달라지는 신앙의 변곡점이다. 자기를 부인한 사람은 옛사람의 성격에서 벗어나고 신성한 성품으로 변화된다. 하나님은 자기를 부인하는 사람을 제자로 합당하게 보시고(마 10:38), 그와 함께 지금 이 순간에도 일하고 계신다.

필자가 '자기를 부인하고 나를 따르라'는 시제를 알지 못했을 때는 신앙의 자격증을 따는 것처럼 생각하고 기도했다.

"주님, 저도 자기를 부인하고 제자의 삶을 살고 싶습니다."
"주님 도와주세요!"

전에는 자기를 부인하는 신앙은 한 번 경험하면 다음에는 저절로 되고 신앙의 갈등이 끝날 줄 알았다. 내 신앙이 성장해서 능동적으로 선택하고 매 순간 반복하고 씨름해야 할 여정이었는데 그 중요한 사실을 알지 못했다. 자기를 부인하는 것은 주님을 따르면서 날마다 현존에서 계속된 삶이라는 생각을 할 때 좌절감이 사라졌다.

오늘 조금 부족해도 실망할 이유가 없었고 복음의 능력이 내 마음을 지배했다. 자기를 부인하는 일은 항상 오늘 새롭게 다시 시작하면 되기 때문이다. 오늘도 주님의 제자가 되기를 원하는 사람은 믿음을 가지고 자기 마음을 살피고 자기를 부인해야 한다. 이 삶이 구원을 이루어가는 현존의 모습이며 성숙한 신앙인의 특징이다.

또한 자기를 부인하는 일이 날마다 반복하는 일임을 알게 되면 타인을 정죄할 수 없다. 누가 내일은 주님의 제자로 합당하게 자기 부인을 잘할지 모르기 때문이다. 그리고 성도들이 완벽하지 못해도 하나님의 사랑은 변함이 없으시고 다시금 일으켜 세우신다.

십자가를 통해서 이 세상에 주님의 나라가 임하게 하시고 제자로 부르신 주님은 약할 때 강함이 되신다. 주님을 사랑하면 제자의 길을 가고 싶고, 성숙한 신앙이 되면 능히 자기를 부인할 수 있다. 때로는 요동치고 넘어질 때도 많지만 끝까지 견고케 하시고 일으키셔서 마침내 자기를 부인하고 제자로 살게 하신 하나님의 은혜와 사랑이 놀랍고 감사할 일이다.

모든 성도들은 능히 자기를 부인하고 자기 직분과 재능을 가지고 주와 함께 동행하며 제자로 살 수 있다. 그리고 그 일을 현존에서 포기하지 말아야 한다. 필자는 그런 씨름이 구원을 이뤄가는 성도들의 아름다운 모습이라고 굳게 믿는다.

자기 삶에 분노와 공격성이 나타날 때를 살펴보라. 그리고 매슬로우가 제시한 5가지 욕구들이 자기 삶을 지배할 때는 언제인지 살펴보라. 자기 삶을 성찰한 시간을 매일 가지라.

"너희는 믿음 안에 있는가 너희 자신을 시험하고 너희 자신을 확증하라 예수 그리스도께서 너희 안에 계신 줄을 너희가 스스로 알지 못하느냐 그렇지 않으면 너희는 버림받은 자니라"(고린도후서 13:5)

(정답과 결론 도출 또는 논쟁하지 말고, 자기 생각을 정직하게 나누고 경청하며 성령님의 인도를 기대하세요.)

1) 자기 부인에 대해서 한 문장으로 정의해 보라.

2) 자기 부인이 어려운 이유는 무엇인가?

3) 자기 부인을 하지 못하면 어떤 삶을 살아가는가?

4) 자기 삶에 자기 부인이 가장 필요할 때는 언제인가?

에필로그

영성과 신앙에 도움이 되도록 노력

필자는 성도들에게 현재 연구가 활발하게 진행되고 있는 '에니어그램'이라는 성격심리학의 한 분야를 소개하면서 영성과 신앙에 도움이 되도록 노력했다. 성경과 에니어그램을 통해서 성도들이 자기 성격을 이해하고 신앙이 성장하기를 바라는 마음이 크다. 성격과 신의 성품을 이해하고 자신과 타인을 이해하는 능력도 생기고, 신의 성품으로 성장하기를 소망한다. 그렇기 때문에 성격 이론과 에니어그램을 소개하고자 하는 것도 아니었다.

성격과 에니어그램을 소개하는 전문서적이 많이 출간되었다. 최근에는 성격에 영향을 주는 호르몬 연구도 활발하다. 사람은 여전히 비밀스러운 존재이며 신비 그 자체이다. 사람의 성격 또한 여러 가지 이유들로 인해서 복잡하고 간단하게 설명하기 어렵다. 그래도 조심스럽지만 자기 인생에 열매를 맺는 도구이기에 자기 성격을 알아가고 타인도 알아가야 한다.

오늘날 성격을 알지 못해서 변화되지 않거나 이혼하는 모습을 보면 많이 안타깝다. 성격은 자기에게 맞는 사람을 만나는 것보다 서로를 이해하는 것이 중요하다. 성도들은 자기 성격을 넘어서 견고한 진지와 본능을 알고 복음으로 성격체계를 바꾸고 본질이 바뀌어야 한다.

필자가 성격과 에니어그램을 공부하면서 많은 변화들을 경험했고 지금도 계속 변화를 경험하고 있다. 개인의 이해와 성경 말씀, 복음의 능력과 세상을 이해하는데 도움이 되었다. 이런 이해와 변화까지는 쉽지 않고 매우 어려울 수 있다. 그러나 복음과 성령은 능히 이 일이 가능하게 하신다.

본서에서 성도들의 신앙에 도움이 되고자 에니어그램을 사용하고 성격과 신앙의 문제를 풀어보았지만 어떤 사람에게는 그 내용이 어려울 수 있다. 신앙과 에니어그램도 어렵고 자신을 관찰하고 만나고 변하는 것도 쉽지 않은 여정이다.

에니어그램을 공부하신 분들은 성경해석과 영성을 적용하는 내용이 복잡하게 느껴질 수 있다. 독자들은 이해되지 않는 내용에 대해서 시간을 두고 음미해 보고 기도하고 자기 인생에 도움이 되도록 사용하기를 기대한다. 필자는 아직도 영성 수준이 부족하고 에니어그램 이해와 지식도 초보 수준이다. 때문에 독자들이 스스로 분별력을 갖고 유익한 부분을 취하는 지혜가 필요하다.

하나님은 필자가 글을 써 내려가는 동안에 복음과 성경 말씀을 더 많이 깨닫게 하셨다. 죄와 사망의 권세와 옛사람의 특성을 선명하게 이해하게 된 것은 큰 은혜이다. 필자의 생각과 깨달음이 진리의 말씀과 자신과 타인을 이해하는데 도움이 되면 감사할 일이다. 성격과 신앙에 대해서 갈급한 사람에게 큰 도움이 되기를 기대한다. 필자는 독자들이 이 글을 읽을 때 주님께서 은혜 위에 은혜를 주셔서 영성의 깊이가 더해져 성장하기를 기도드린다. 바울의 고백처럼 나의 나 됨은 주님의 은혜이며 이 글을 비롯해서 나의 모든 것은 주님의 것이다.

"여기까지 인도하신 하나님!
하나님께 감사를 드리며 주님의 나라가
이 땅에 임하기를 소망합니다.
감사합니다. 할렐루야!"

주님을 송축하며
김정필

"내가 너를 지명하여 불렀나니 너는 내 것이라"

지금 나이 60을 바라보는 내 인생인데 40대에 하나님 만나서 새로운 삶으로 변화시키시는 하나님께 감사합니다.

아버지의 사랑과 상처 속에서 자란 나는 내 성격이 어떻게 영향을 받았고 왜 이렇게 살고 있는지를 몰랐습니다. 그러던 어느 날 본 교회에서 성품 세미나를 몇 차례 진행했는데 이 자리에 참석하고서 내가 태어날 때부터 하나님이 주신 본질이 있었음을 깨닫게 되었습니다. 그리고 성장 과정에서 여러 가지 일들을 경험하면서 많은 상처들이 곪아 터져서 내 삶에 드러나고 있는 것을 알았습니다.

바닷가에 돌맹이가 파도에 부딪혀서 깎이듯이 인생을 살며 수많은 일을 만나면서 '마음에 부딪히고 아파하면서 곪아 터져도 모르고 치료도 받지 못하고 애쓰며 살아왔구나! 지난날의 내 모습이 이랬구나!'라는 생각을 하게 되었습니다.

이런 내 모습 때문에 자녀들에게 상처 주는 말과 행동을 많이 했다는 것을 늦게서야 깨달았습니다. 이 또한 죄성이란 걸 깨닫고 죄악의 뿌리가 우리에 삶에 침투하여 힘들게 함을 깨달았습니다.

내가 어떤 성격으로 태어나서 어떤 성격으로 살고 있나? 내가 어떤 사람인가?

성품 세미나를 통해서 성격유형과 특성도 알았고, 부모님 성격과 삶도 조금더 이해할 수 있었습니다.

처음에는 의심도 들고 동의할 수 없었고, 우리의 성품이 개발되지 못했다는 말씀이 무슨 뜻인지를 이해하지 못했습니다. 몇 년이 지난 이제는 그 말씀이 무슨 뜻인지 이해가 됩니다. 그리고 왜 인생에서 문제를 만나면 극복하기 힘들어하는지도 조금 알게 되었습니다. 내가 그런 사람이었으니까요.

2번째 에니어그램 성격유형 분석을 했을 때는 '나의 성격이 다듬어지고 있구나! 내가 더 다듬어지고 개발되고 있구나!'라는 생각이 들었고 하나님께 감사했습니다. 이런 나를 스스로 칭찬도 해주고 내 자신을 더 많이 사랑하고 살아야지! 하는 다짐도 했습니다.

성품 세미나를 통해서 달라진 것은 나를 정확하게 알게 되었고 가족인 자녀들의 성격을 이해함으로 여유가 생겼습니다. 그들만이 가지고 있는 성품이 있는데 옷차림과 행동을 타인과 비교하여 속상했던 내 잘못을 알았습니다. 이제는 그들의 특별한 옷차림과 행동을 보면 '그래 저 성격은 저렇게 산다고 하셨지?'라는 생각을 하고 이해를 하게 되었습니다.

아직도 습관이 나오고 부족함이 많지만 내 안에 놀라운 변화가 성품 세미나를 통해서 시작된 것입니다. 이제는 내 수준을 넘어서 하나님의 성품을 고루고루 닮기 위해서 매일 기도합니다. 타인을 볼 때 하나님이 각자에게 주신 성품이란 걸 알게 되니까 판단과 정죄를 멈추고 이해하게 됩니다. 전에는 이해할 수 없고 답답해 보이고 걱정스럽던 모습들이었는데 그런 마음은 사라지고 편안함과 자유가 느껴집니다. 9가지 에니어그램 유형과 하나님의 성품을 생각할 때 미래의 멋진 내 모습을 마음에서 그려보고 성령의 열매가 기대되고 설렘이 생깁니다.

이 나이에 성품 세미나를 통해서 성격의 본질을 알고 나니 인정받고 싶어서 사랑을 베푸는 사람이 아닌 아가페 사랑을 실천하는 사람으로 조금씩 변해갑니다. 나를 인정해 주지 않아서 화가 나고 힘들어하는 사람이 아닌 예수님처럼 섬김 자체로 기뻐하고 섬길 수 있는 대상이 있어서 감사합니다. 이제는 조건 없는 사랑을 실천하며 살아가는 사람으로 조금씩 변화될 때 기쁘고 더 기도하며 노력해야 한다는 생각을 가지고 삽니다.

하나님이 주신 성품애에서 장점은 살리고 단점은 고쳐가야 된다는 걸 깨닫고 나니까 마음이 편해지고 하나님께 더 귀하게 쓰임 받을 것이 기대됩니다. 성품과 속사람 그리고 옛 자아의 습관과 행동을 바라볼 수 있고 잘못된 점을 알고 고쳐갈 수 있는 것이 감사합니다. 이런 개발의 과정이 필요하고 항상 자신을 살피고 깨어 살아야 한다는 것을 알게 되어서 빛이 보이기 시작합니다.

　타인을 만나고 여러 상황에서 내 마음대로 쉽게 평가하고 판단했던 모습이 변하고 긍정적인 생각을 가지고 장점을 보게 되니 너그러움이 생겨서 감사합니다. 나를 본질적으로 사랑하시고 나의 성격과 현재 모습을 사랑하시는 하나님 아버지께 감사하고 사랑합니다. 앞으로 장점이 더 많이 개발되어 다른 사람들에게 좋은 영향을 줄 수 있는 축복에 통로가 되길 기대합니다. 이런 귀한 사역을 하시는 목사님께 감사하고 강의를 통해서 상처받은 내 마음을 만지시고 치유하시는 하나님 아버지께 감사합니다. 목사님을 통해서 오산새빛교회와 더 나아가 많은 교회들이 이 모든 것을 깨닫고 변화되기를 기도합니다. 나처럼 상처받은 많은 영혼들이 옛사람을 버리고 왕 같은 자녀들로 멋지고 아름답게 세워지기를 기도합니다.

박주은 권사

〈미주〉

1. 권석만, "현대 성격심리학", p.25.
2. "현대 성격심리학", p.29.
3. 「다음 백과사전」 참조.
4. 팀 라헤이 저, "성령과 기질", p.22.
5. 「다음 위키백과사전」 참조.
6. 「다음 백과사전」 참조
7. 권석만, "현대 성격심리학", p.343.
8. 팀 라헤이 저, "성령과 기질" p.20.
9. 권석만, "현대성격심리학", p.356.
10. 신명희 외 공저, "발달심리학", p.157.
11. 권석만, "현대성격심리학", p.346.
12. 「다음 국어사전」 참조.
13. 이병철 목사, 「바이블렉스」 사전, 참조.
14. 「바이블렉스」 사전, 참조.
15. 「바이블렉스」 사전, 참조, "3923. 파레이스페로"는 한글성경 내용이 없다.
16. 제임스 에이 브룩스, 칼콘 엘 윈베리, "헬라어 구문론", p.165.
17. 권석만, "현대성격심리학", pp.66-67.
18. 「바이블렉스」 사전, 참조.
19. 캐시 헐리 · 테오도르 돈슨, "영혼의 잠재력 깨우기", p.37. 외
20. 돈 리차드 리소, 러스 허드슨, "에니어그램의 지혜", p.37.
21. "에니어그램의 지혜", p.39.
22. 이안숙, 한은진, "에니어그램의 이론과 실제", p.21.
23. "에니어그램의 이론과 실제", p.18.
24. 나란조로 번역되기도 하지만 스페인의 발음으로는 "나란호"로 발음된다고 한다.
25. "에니어그램의 이론과 실제", p.18.
26. 이안숙, 한은진 공저, "에니어그램의 이론과 실제", p.147.
27. "에니어그램의 지혜", p.101

28. "에니어그램의 지혜", p.76이하.
29. "에니어그램의 이론과 실제", p.36.
30. "에니어그램의 이론과 실제", p.38.
31. "에니어그램의 이론과 실제", p.40.
32. "에니어그램의 이론과 실제", p.40.
33. "에니어그램의 이론과 실제", p.167.
34. 비어트리스 체스닛, 2016년 한국에니어그램협회 추계컨퍼런스 & 특별 워크숍, p.9.
35. 심리학에서는 생존을 유지하고자 하는 정신신체 에너지를 '리비도'라고 한다.
36. 「바이블렉스」 사전, "세상"
37. 「바이블렉스」 사전, "욕심"
38. 신명희 외 공저, "발달심리학", p.196.
39. 하위유형에 대한 선구자는 비어트리스 체스닛 박사이다. 필자가 기술한 하위유형에 대한 기본내용은 그녀가 연구한 것이다.
40. 비어트리스 체스닛, "에니어그램 27가지 하위유형", p.10,
41. "에니어그램의 지혜", p.104.
42. "에니어그램 27가지 하위유형", p.15.
43. "에니어그램의 지혜", pp.108-109.
44. "에니어그램 27가지 하위유형", p.14.
45. "에니어그램의 지혜", p.107.
46. 비어트리스 체스닛, "에니어그램 27가지 하위유형 이해하기", 『2016년 한국에니어그램협회 추계컨퍼런스 & 특별워크숍』
47. 돈 리차드 리소 · 러스 허드슨 공저, "에니어그램의 이해", p.647쪽.
48. 서정오 외 공저, "오늘부터 시작하는 영성훈련", P. 55.
49. "오늘부터 시작하는 영성훈련", P. 54.
50. "에니어그램의 지혜", p.48쪽.
51. 「바이블렉스」 사전, 참조
52. 제임스 에이 브룩스, 칼콘 엘 윈베리, 『헬라어 구문론』p.146.
    어니스트 D. 버튼, 『신약성경 헬라어 구문론』p.51.

〈참고 문헌〉

권석만,『현대 성격심리학』서울: 학지사. 2015.

신명희 외 공저,『발달심리학』서울: 학지사, 2014.

서정오 외 공저,『오늘부터 시작하는 영성훈련』서울: 두란노서원, 2017.

이안숙 · 한은진 공저,『에니어그램의 이론과 실제』서울: 홍익기획, 2014.

팀 라헤이,『성령과 기질』홍종락 역, 서울: 생명의 말씀사, 2014.

돈 리차드 리소, 러스 허드슨,『에니어그램의 지혜』주혜명 역, 서울: 한문화, 2014.

돈 리차드 리소 · 러스 허드슨 공저,『에니어그램의 이해』김순미 역, 서울: 미래를 소유한 사람들, 2016.

비어트리스,『에니어그램 27가지 하위유형』김세화 · 한병복 역, 서울: 한국에니어그램협회, 2017.

Carolyn S. Bartlet,『에니어그램 실제 가이드』윤운성 · 손진희 공역, 서울:한국에니어그램교육연구소, 2013.

캐시 헐리 · 테오도르 돈슨,『영혼의 잠재력 깨우기』주혜명 역, 서울: 다른우리, 2003.

산드라 마이트리,『 에니어그램의 영적인 지혜 』황지연 · 김세화 공역, 서울: 한문화, 2016.

N. Gregory Hamilton,『 대상관계 이론과 실제』김진숙 · 김창대 · 이지연 공역, 서울: 학지사, 2015.

『한국에니어그램협회 컨퍼런스&특별워크숍』2015-2018.

제임스 에이 브룩스, 칼콘 엘 윈베리,『헬라어 구문론』하문호역, 서울:성광문화사, 1993.

어니스트 D. 버튼,『신약성경 헬라어 구문론』권성수 역, 서울:기독지혜사, 1988.

사전: 바이블렉스, 다음국어사전, 다음백과사전, 위키백과사전

이 책을 읽고 받은바 은혜나
깨달음이나 기도 제목 또는 감사할 일을 적어 보십시오.

전도2관왕
할머니의 전도법

박순자 권사

1년에 젊은이 100여 명을 교회로 인도한
60대 할머니의 전도법과 주님께 받은 축복들!

두 자녀를 잘키운
삼숙씨의 이야기

정삼숙 사모

미국의 예일, 줄리어드, 노스웨스턴,이스트만,
브룩힐, 한예종, 예원중에서 수석도 하고 장학금과 지원금으로
그동안 10억여 원을 받으며 공부하는 두 아이지만,
그녀는 성품교육을 더 중요시했다.

엄마, 아빠!
저좀 잘 키워주세요

정삼숙 사모

성경적 영적성품 12가지 심기!
자식의 장래는 부모의 무릎 교육에 달려 있습니다.
자녀에게 성경적 영적성품을 신앙 유산으로 남겨 주십시오.
자녀는 하나님과 사람들에게 총애받는 인재가 됩니다.

잠언에서 배우는 지혜 12가지

정삼숙 사모

잠언에서 찾은 12가지 지혜 심기!
중·고·대·대학원 수석/장학생으로 키운 엄마의 드림법칙
자녀에게 성경적 지혜를 신앙 유산으로 남겨 주십시오.
자녀는 하나님과 사람들에게 총애받는 인재가 됩니다.

30가지 주제 / 30일간 기도서!

무릎기도문

시리즈 16

주님께 기도하고 / 기다리면 응답됩니다

1 자녀를 위한
무릎 기도문

2 가족을 위한
무릎 기도문

3 태아를 위한
무릎 기도문

4 아가를 위한
무릎 기도문

5 십대의
무릎 기도문

6 십대자녀를 위한
무릎 기도문

7 재난재해안전
무릎 기도문
〈자녀용〉

8 재난재해안전
무릎 기도문
〈부모용〉

9 남편을 위한
무릎 기도문

10 아내를 위한
무릎 기도문

11 워킹맘의
무릎 기도문

12 손자/손녀를 위한
무릎 기도문

A1 태신자를 위한
무릎 기도문

A2 새신자
무릎 기도문

A3 교회학교 교사
무릎 기도문

A4 선포(명령)
기도문

망망한 바다 한가운데서 배 한 척이 침몰하게 되었습니다.
모두들 구명보트에 옮겨 탔지만 한 사람이 보이지 않았습니다.
절박한 표정으로 안절부절 못하던 성난 무리 앞에 급히 달려 나온 그 선원이
꼭 쥐고 있던 손바닥을 펴 보이며 말했습니다.
"모두들 나침반을 잊고 나왔기에… "
분명, 나침반이 없었다면 그들은 끝없이 바다 위를 표류할 수 밖에 없을 것입니다.

우리는 삶의 바다를 항해하는 모든 이들을 위하여
그 나침반의 역할을 하고 싶습니다.
우리를 구원하신 위대한 주 예수 그리스도를 널리 전하고 싶습니다.

"하나님은 모든 사람이 구원을 받으며
진리를 아는 데에 이르기를 원하시느니라"
(디모데전서 2장 4절)

왜 이런 성격으로 살까?

지은이 │ 김정필
발행인 │ 김용호
발행처 │ 나침반출판사

제1판 발행 │ 2020년 1월 25일

등 록 │ 1980년 3월 18일 / 제 2-32호
본 사 │ 07547 서울특별시 강서구 양천로 583
　　　　블루나인 비즈니스센터 B동 1607호
전 화 │ 본사 (02) 2279-6321 / 영업부 (031) 932-3205
팩 스 │ 본사 (02) 2275-6003 / 영업부 (031) 932-3207
홈 피 │ www.nabook.net
이 멜 │ nabook365@hanmail.net / nabook@nabook.net
일러스트 제공 │ 게티이미지뱅크/iStock

ISBN 978-89-318-1591-7
책번호 다-2000

값은 뒷표지에 있습니다.